CB139825

Você pode ser FELIZ sem ser perfeita

ALICE D. DOMAR, PH.D. & ALICE LESCH KELLY

Você pode ser FELIZ sem ser perfeita

Como se libertar das cobranças excessivas e se aceitar do jeito que você é

SEXTANTE

Título original: *Be Happy Without Being Perfect*
Copyright © 2008 por Alice D. Domar e Alice Lesch Kelly
Copyright da tradução © 2010 por GMT Editores Ltda.
Todos os direitos reservados. Nenhuma parte deste livro pode ser utilizada ou reproduzida sob quaisquer meios existentes sem autorização por escrito dos editores.
Publicado mediante acordo com Crown Publishers, uma divisão da Random House, Inc.

citações: página 41: extraída de *Top Ten Signs Your (sic) a Perfectionist* e publicada mediante permissão de Gordon L. Flett;
página 80: extraída de *National Eating Disorders Association: NEDA Eating Disorders Quiz* e publicada mediante permissão da Associação Americana de Transtornos Alimentares (www.NationalEatingDisorders.org);
página 91: extraída de *Five Experts, Five Practices* e publicada mediante permissão do Council for Spiritual and Ethical Education e de Diana Baumrind;
página 175: extraída de *The Disease to Please*, de Harriet Braiker, copyright © 2001 por Harriet B. Braiker, Ph.D., e publicada mediante permissão de McGraw-Hill, uma divisão de The McGraw-Hill Companies.

tradução: Flávia Rossler

preparo de originais: Cristiane Pacanowski

revisão: Isabella Leal, Milena Vargas e Sheila Til

projeto gráfico e diagramação: DTPhoenix Editorial

capa: Silvana Mattievich

impressão e acabamento: Yangraf Gráfica e Editora Ltda

CIP-BRASIL. CATALOGAÇÃO-NA-FONTE
SINDICATO NACIONAL DOS EDITORES DE LIVROS, RJ

D729v

Domar, Alice D.
Você pode ser feliz sem ser perfeita: Como se libertar das cobranças excessivas e se aceitar do jeito que você é / Alice D. Domar e Alice Lesch Kelly [tradução de Flávia Rossler]; Rio de Janeiro: Sextante, 2010.

Tradução de: Be happy without being perfect
ISBN 978-85-7542-620-3

1. Mulheres – Psicologia. 2. Perfeição. I. Kelly, Alice Lesch. II. Título.

CDD: 155.633
10-4719 CDU: 159.922.1-055.2

Todos os direitos reservados, no Brasil, por
GMT Editores Ltda.
Rua Voluntários da Pátria, 45 – Gr. 1.404 – Botafogo
22270-000 – Rio de Janeiro – RJ
Tel.: (21) 2538-4100 – Fax: (21) 2286-9244
E-mail: atendimento@esextante.com.br
www.sextante.com.br

NOTA DAS AUTORAS

Embora este livro seja um esforço conjunto de Alice D. Domar, Ph.D., e Alice Lesch Kelly, para garantir a clareza e a simplificação, sempre que o pronome "eu" for usado, é a Dra. Domar quem está se dirigindo à leitora.

Os nomes e os detalhes que identificam as pacientes e outras mulheres que concordaram em ser entrevistadas para o livro foram modificados no intuito de proteger sua privacidade.

Os conselhos deste livro são oferecidos como recomendação para a saúde e não têm a intenção de substituir os cuidados médicos tradicionais. Aconselhamos que a leitora associe técnicas que trabalham tanto a mente quanto o corpo aos cuidados médicos e psicológicos tradicionais. Consulte seu médico, psicólogo ou psiquiatra sobre quaisquer sintomas preocupantes com relação à sua saúde mental.

Empregamos no livro as palavras "marido", "esposa", "parceiro" e "parceira" porque acreditamos que elas são as mais simples quando queremos nos referir à parceria de vida homem/mulher. As ideias e os conselhos são válidos tanto para quem é casado quanto para quem não é. Aplicam-se também (excetuando-se os comentários especificamente masculinos, claro) a casais do mesmo sexo.

SUMÁRIO

INTRODUÇÃO

A ilusão da perfeição

Há alguns anos conheci Kim, uma nova paciente. Sempre que começo a atender uma paciente, a primeira providência que tomo é analisar seu histórico, fazendo perguntas sobre saúde física e psicológica, família, relacionamentos, carreira, níveis de estresse e hábitos de saúde. Depois pergunto por que ela me procurou e, juntas, definimos um plano de tratamento.

Kim me contou que tinha um casamento feliz de 20 anos. Ela amava e respeitava o marido, Ted, que sempre fora fiel, e eles sentiam prazer na companhia um do outro. Com o passar dos anos a libido do casal diminuíra e sua vida sexual já não era mais a mesma, mas nas ocasiões em que faziam amor ambos se sentiam satisfeitos.

Ele trabalhava no mercado financeiro e ganhava muito dinheiro. Isso permitia a Kim não trabalhar fora, o que ela achava bom. Tinham quatro adolescentes saudáveis e felizes que tiravam boas notas na escola e participavam com grande sucesso de atividades esportivas. Kim fazia trabalho voluntário na escola dos filhos, tinha muitos amigos e uma vida social ativa. Seu pai morrera quando ela ainda era adolescente, mas ela mantinha um relacionamento caloroso e próximo com a mãe, que morava perto e estava sempre disposta a ajudar com as crianças. Kim e os filhos passavam os verões na casa de praia da família e Ted ia encontrá-los todo fim de semana.

Kim era esbelta e estava em boa forma, praticava corrida regularmente e pouco tempo antes começara a fazer musculação.

Não fumava e bebia apenas socialmente nos fins de semana. Não tinha histórico de depressão ou ansiedade, nem problemas de saúde. Pelo que pude perceber, parecia um modelo de saúde física e psicológica.

Enquanto fazia anotações sobre seu histórico de saúde, eu me perguntava o que a teria levado a marcar uma consulta comigo, uma especialista em administração do estresse. Ela parecia ter tudo – acreditem, psiquiatras às vezes invejam seus pacientes. O que poderia estar incomodando-a? Por fim, perguntei a ela por que tinha me procurado. Sua resposta me surpreendeu.

– Porque toda vez que abro uma gaveta ou um armário e vejo que estão desarrumados, me sinto um verdadeiro fracasso.

Do meu ponto de vista, a vida de Kim parecia absolutamente perfeita. Mas não era o que ela pensava. Enquanto narrava sua história, eu via diante de mim uma mulher bem-sucedida, feliz, inteligente, saudável e amada. Kim, no entanto, via apenas a bagunça de seus armários e gavetas.

O nível de ansiedade de Kim era tão alto quanto o de uma pessoa com alguma doença grave ou com um forte agente causador de estresse. Estava tão ansiosa quanto algumas das pacientes que me procuravam com problemas cardíacos ou que tinham perdido o emprego. O problema, no entanto, estava na sua mente. A única coisa errada na vida de Kim era o modo como ela a encarava. Seu copo estava quase cheio, mas a confusão na sua cabeça fazia com que ela o visse meio vazio. Kim não conseguia aproveitar sua vida praticamente perfeita porque não sabia conviver com as minúcias imperfeitas.

Escrevi este livro porque a história de Kim foi marcante demais para mim. Com frequência penso nela porque quase todas as minhas pacientes fazem o que Kim fez – e que faço, também. Nós nos julgamos com mais rigor do que julgaríamos outra pessoa. Temos expectativas elevadas com relação ao nosso desempenho e somos duras demais conosco quando não as satisfazemos. Acreditamos que somos um fracasso e permitimos que esse sentimento determine como vemos a nós mesmas e a nossas vidas. Nós nos torturamos pela lição de casa esquecida, pela roupa amassada, pelas noites em que não preparamos o jantar e pedimos comida fora. Permitimos que nossos pequenos erros ofusquem nossas muitas realizações.

É ótimo querer ser boa mãe, manter a casa limpa ou ter excelente desempenho no trabalho. Não há nada de errado em ter metas altas – isso não significa que você tenha problemas psicológicos. No entanto, se suas expectativas são tão elevadas que prejudicam sua qualidade de vida e se você não consegue ser feliz se tudo não estiver totalmente perfeito, é hora de parar de se julgar e começar a valorizar o que está dando certo em sua vida.

Durante nossas sessões de terapia, ajudei Kim a encontrar maneiras de se concentrar menos nos armários e nas gavetas e mais no que era maravilhoso em sua vida: o marido, os filhos, sua saúde perfeita, a boa forma física, o bom relacionamento com a mãe e os muitos amigos. Neste livro, tentarei fazer o mesmo por você.

A solução de um mistério

Trabalho com mulheres desde o início de minha vida profissional. Meu objetivo tem sido sempre reduzir seu estresse e ajudá-las a ter uma vida mais saudável, tanto no aspecto físico quanto no psicológico. Durante meus 20 anos de prática clínica, no entanto, descobri que é incrivelmente difícil convencer as mulheres a cuidarem de si mesmas.

Imaginem minha situação, há 20 anos, quando comecei a clinicar, munida de muitas técnicas para ensinar as mulheres a se sentirem melhor. Comecei a orientar as pacientes sobre uma série de habilidades e fiquei impressionada de constatar as melhorias físicas e psicológicas naquelas que incorporaram essas mudanças às suas vidas. E descobri algo mais. Embora minhas pacientes estivessem dispostas a aprender essas habilidades, muitas delas não as praticavam quando deixavam o ambiente clínico. Não fazia sentido: conheciam diversas maneiras simples e comprovadas de se sentirem melhor, mas não as colocavam em prática.

Após me aprofundar nesse misterioso problema, percebi que parte do que as refreava era a culpa: elas se sentiam culpadas por reservar algum tempo para satisfazer suas necessidades pessoais. Consideravam que abordagens alternativas como fazer meditação, agendar breves sessões de relaxamento, reservar um tempo para caminhadas meditativas e ioga, registrar seus pensamentos num diário, buscar apoio social e todas as outras técnicas comprovadas eram atos egoístas que as mantinham muito tempo afastadas de suas famílias. Muitas de minhas pacientes consideravam o cuidado consigo mesmas uma prova de egoísmo – mesmo quando ficava evidente que ele melhoraria seu humor e sua saúde e, portanto, a felicidade e o bem-estar de sua família.

No entanto, não é apenas a culpa que faz as mulheres se reprimirem. Faço dezenas de palestras por ano e nessas ocasiões explico como elas podem cuidar de si mesmas. As mulheres me procuram depois da apresentação e me dizem com toda a sinceridade que adoram a ideia de cuidar de si mesmas, mas que têm problemas em colocá-la em prática. É difícil passar algum tempo com as amigas quando ainda há roupa por lavar e a pia está cheia. É duro sair para passear com o marido quando você acha que não é uma boa mãe porque deixa os filhos em casa com uma babá.

Finalmente consegui compreender o que causava a falta de conexão entre as ideias e as ações dessas mulheres. Não se trata apenas de elas se sentirem culpadas por cuidarem de si mesmas. É que, bem no fundo, elas sentem que gastar algum tempo para satisfazer suas necessidades – até *ter* necessidades, na verdade – é demonstração de fraqueza ou fracasso, sinal de imperfeição em um mundo que espera nada menos que perfeição. Reconhecer que precisam batalhar por alguma coisa é admitir um fracasso – e essa pode ser uma tarefa árdua.

Combati o perfeccionismo durante minha vida inteira e, embora ensine e aconselhe mulheres a fazer o mesmo o tempo todo, às vezes eu mesma deparo com ele. De manhã me dedico a escrever este livro e de tarde levo para patinar o grupo de bandeirantes do qual minha filha participa – não porque tenha muito tempo de sobra, mas pela culpa que sinto por trabalhar fora. Moro em uma cidade pequena onde a maioria das mães é apenas dona de casa. Quando vejo todas as coisas que elas fazem pelos filhos, fico com a sensação de que preciso ser uma supermãe nos momentos em que estou com a família. Tento viver de acordo com minhas expectativas do que deve ser uma mãe.

É impossível aceitar a necessidade de cuidar mais e melhor de si mesma quando você gasta uma parte tão grande de sua energia tentando viver de acordo com suas próprias expectativas e as dos outros. Até uma mulher que não se considera perfeccionista é constantemente bombardeada por mensagens e expectativas que lhe cobram perfeição. É impossível não se comparar com pessoas ao seu redor ou com as que aparecem na mídia.

Com o passar dos anos

Nosso mundo mudou muito ao longo das últimas gerações e desde que eu era criança, nas décadas de 1960 e 1970. Naquela época, as expectativas eram diferentes – contanto que conseguissem manter os filhos saudáveis e bem encaminhados, as mães estavam fazendo um excelente trabalho. Hoje, elas são consideradas negligentes se os filhos não praticarem algum esporte, não tiverem aulas de flauta, balé, caratê, natação, reforço de matemática e se não estudarem alguma língua estrangeira. Mesmo que a mãe trabalhe em horário integral, precisa organizar as atividades extracurriculares dos filhos, preparar bolos para as festinhas dos fins de semana e vender rifas para os eventos da escola.

Estou exagerando um pouco, mas não muito.

Após anos de exposição a expectativas completamente irrealistas e que eram transmitidas como alcançáveis, criamos uma imagem do que deveríamos ser, da aparência que nossas casas deveriam ter, de como deveríamos criar nossos filhos e do desempenho que deveríamos ter em nossos empregos. Mesmo sem perceber, criamos uma extensa lista de expectativas às quais nos agarramos no dia a dia. Reconhecer que temos necessidades e que às vezes estas merecem vir antes das de nossas famílias, de nossos empregadores e de nossas casas vai contra muitas das mensagens que temos ouvido e internalizado ao longo de décadas. Para atender suas necessidades e assumir o cuidado consigo mesma, você precisa se comprometer com a mudança das expectativas com relação à sua vida.

Escrevi este livro para minha paciente Kim, que mencionei nesta introdução, e para todas as outras mulheres que, como ela, têm muito, mas não conseguem aproveitar o que têm porque veem apenas o que lhes falta. Eu o dedico a todas as mulheres que sentem, ainda que sem perceber, que não conseguem ser felizes a não ser que tudo esteja perfeito. *Nada* pode estar sempre perfeito. Se você espera que sim, a verdadeira felicidade e a satisfação estarão sempre fora de seu alcance.

Precisamos redefinir expectativas elevadas e fora da realidade e substituí-las por outras realistas, atingíveis e que resultarão em sucesso, não em fracasso. Ao longo deste livro vou apresentar histórias de várias mulheres maravilhosas – pacientes, amigas, amigas de amigas e até pessoas completamente estranhas – que concordaram em abrir suas vidas. Suas experiências são esclarecedoras e seus conselhos, inestimáveis.

Demonstrarei como utilizar diversas técnicas simples, eficazes e clinicamente comprovadas que vão ajudar você a reformular o modo como pensa e sente a vida. Não se preocupe, você não terá de aprender a utilizar todas elas. As pessoas são diferentes e se identificam com habilidades distintas para a mente e o corpo. Apresento uma ampla variedade delas para que, qualquer que seja a sua personalidade, haja sempre alguma que funcione para você. Eu a ajudarei a decidir o que de fato importa na vida e a descartar o que não interessa.

Por fim, mostrarei como usar seu mais poderoso aliado – sua mente – para encontrar o equilíbrio, o contentamento, a satisfação e a felicidade pelos quais anseia.

Você pode ser mais feliz, se cuidar melhor e se sentir mais saudável, mais contente e mais satisfeita. Esses objetivos talvez lhe pareçam sonhos inatingíveis, mas alcançá-los é mais fácil do que você imagina. Você pode ser mais feliz reformulando suas expectativas e abraçando uma vida imperfeita. Você pode ser feliz sem ser perfeita.

Teste: Até onde vai seu perfeccionismo?

O teste a seguir ajudará você a determinar em que medida o perfeccionismo influencia sua vida e quais aspectos dela são mais afetados por ele.

Atribua a cada pergunta uma nota de 0 (não me descreve nem um pouco) a 3 (me descreve perfeitamente). Faça a contagem total dos pontos ao fim de cada seção.

Parte 1: Seu corpo

1. Estou sempre atenta à minha alimentação. _____
2. Quando lido com uma mulher atraente – no trabalho ou em uma loja –, me sinto intimidada e inferior. _____
3. Digo coisas negativas sobre minha aparência e aponto meus defeitos quando falo com outras pessoas. _____
4. Comprar roupas é uma experiência muito frustrante porque parece que nada do que visto fica bem em mim. _____
5. Amigas me dizem que exagero nos exercícios. _____
6. Quando me dizem que estou com ótima aparência, não acredito. _____
7. Fico furiosa comigo quando engordo, porque acho que eu deveria ter mais controle sobre minha alimentação. _____
8. Quanto mais magra fico, mais gosto de mim. _____
9. Minha ansiedade com relação à aparência interfere na minha capacidade de aproveitar as relações sexuais. _____
10. Chego a me arrepiar cada vez que vejo uma foto minha, porque não gosto de minha aparência. _____

11. Quando adoeço, fico decepcionada com a maneira de meu corpo reagir. _____
12. Acho que, se me cuidasse mais, conseguiria nunca ter um problema físico ou uma doença crônica. _____
13. Se me sinto deprimida, fico chateada comigo mesma por não conseguir acabar com o mau humor e melhorar rapidamente. _____

Parte 1 – Nota: _____

Parte 2: Sua casa

1. Não consigo ir para a cama se minha casa não estiver limpa e a louça, lavada. _____
2. Houve ocasiões em que eu não convidava amigos ou parentes porque sentia vergonha de minha casa. _____
3. Visitar uma pessoa amiga que tenha uma casa maior, mais nova ou mais bem decorada que a minha me deixa de mau humor. _____
4. Fico muito estressada quando tenho convidados para jantar, porque planejo cardápios elaborados e receitas difíceis. _____
5. Quando um amigo ou uma amiga aparece de surpresa, peço desculpas várias vezes se a casa estiver desarrumada. _____
6. Fico deprimida quando leio revistas de decoração, porque acho que minha casa é muito menos atraente do que as que vejo nas fotos. _____
7. Não valorizo as pessoas cujas casas estão sempre em desordem. _____
8. Sou muito preocupada com germes na cozinha e com frequência lavo as bancadas e a mesa com desinfetante. _____
9. Fico chateada comigo mesma quando estou cozinhando e acabo deixando queimar alguma coisa. _____
10. Eu me sinto obrigada a preparar a decoração de Natal dentro e fora de casa. _____

11. Fico irritada quando vejo que o quintal de meus vizinhos não está tão bonito quanto acho que deveria estar. _____
12. Quando vou ao supermercado, faço uma lista detalhada e a sigo à risca. Se algum item que quero comprar está em falta, fico frustrada e chateada. _____
13. Acho que minha casa nunca estará tão bem decorada, limpa ou organizada quanto eu gostaria que estivesse. _____

Parte 2 – Nota: _____

Parte 3: Seu emprego

Observação: se estiver desempregada, pule esta parte do teste.

1. Quando tenho uma avaliação de desempenho, fico muito chateada se não recebo conceito máximo. _____
2. Tenho problema para cumprir prazos porque me envolvo demais tentando elaborar projetos perfeitos. _____
3. Acho que meu local de trabalho está cheio de gente que não se empenha em fazer um bom trabalho. _____
4. Eu me esforço bem mais que meus colegas na execução de projetos. _____
5. Se meu chefe faz alguma crítica ao meu trabalho, fico com isso na cabeça por um bom tempo. _____
6. Eu me preocupo com algum erro que possa cometer no trabalho porque acho que, se isso acontecer, serei demitida e minha carreira será prejudicada. _____
7. Quando olho para um projeto que fiz, só consigo ver os erros. _____
8. Não gosto de delegar tarefas para outras pessoas porque ninguém trabalha tão bem quanto eu. _____
9. Fico irritada quando alguém dá sugestões sobre como posso melhorar meu trabalho, ainda que elas sejam corretas e precisas. _____
10. Meu medo de executar mal um projeto às vezes me impede de começar. _____

11. Não gosto de pedir ajuda ou conselho ao meu chefe ou aos colegas. _____
12. Detesto trabalho em equipe porque meus colegas não seguem o meu jeito de agir. _____
13. Não gosto do meu emprego, mas tenho medo de procurar um novo. _____

Parte 3 – Nota: ____

Parte 4: Relacionamentos

1. Quero que todos gostem de mim. _____
2. Posso ser muito crítica com meus amigos e minha família quando acho que não se esforçam para atingir o mesmo padrão de eficiência que busco. _____
3. Fico magoada e decepcionada quando um amigo se esquece de mandar um cartão no meu aniversário. _____
4. Fico constrangida de pedir apoio moral à minha família e aos amigos. _____
5. Quando algo dá errado em um relacionamento, considero minha culpa. _____
6. Eu me sinto culpada porque acho que nunca consigo fazer o suficiente por meus pais. _____
7. Nenhum de meus namorados parece suficientemente bom / meu marido diz que eu o critico demais. _____
8. Manter um bom casamento e/ou relacionamento com outras pessoas dá trabalho. _____
9. É frustrante ver que os padrões de meu marido com relação à criação dos filhos e ao cuidado com a casa são muito inferiores aos meus. _____
10. Sinto que se cometer erros serei rejeitada por meus amigos e minha família. _____
11. Discuti com alguns familiares e depois disso fiquei sem falar com eles por dias, semanas ou meses. _____

12. Acho difícil perdoar as pessoas que foram injustas comigo. _____
13. Sinto que se meus amigos e minha família soubessem do que "realmente" gosto, me rejeitariam. _____

Parte 4 – Nota: _____

Parte 5: Criação dos filhos

Observação: se não tiver filhos ou se seus filhos forem adultos, pule esta parte do teste.

1. Quando eu estava tentando engravidar, achava que, se fizesse tudo "certo", ficaria grávida quando quisesse e meu bebê teria uma saúde perfeita. Se alguma coisa tivesse saído errada, eu teria me considerado culpada. _____
2. Sinto vergonha de mim mesma quando considero uma chatice brincar com meus filhos. _____
3. Acho que se eu cometer um erro na criação de meus filhos, eles ficarão irremediavelmente prejudicados. _____
4. Estou sempre lendo livros que orientem sobre a criação dos filhos. _____
5. Nem sempre confio no meu instinto materno. _____
6. Tenho dificuldade em me perdoar quando cometo um erro na criação de meus filhos. _____
7. Eu me culpo quando meus filhos se comportam mal ou não têm bons modos. _____
8. Considero uma falha pessoal quando meu filho fica fora do time de futebol, não ganha competições acadêmicas na escola ou não consegue ingressar na faculdade que escolheu. _____
9. Eu me sinto culpada quando deixo de passar mais tempo com meus filhos para fazer algo especial para mim. _____
10. Acho que meus filhos devem se destacar em tudo o que fazem. _____
11. Sou de opinião que nenhuma babá é boa o bastante. _____

12. Se me descontrolo e grito com meus filhos, fico furiosa comigo durante horas. _____
13. Por mais que tente, nunca consigo ser tão boa mãe quanto gostaria. _____

Parte 5 – Nota: _____

Parte 6: Tomada de decisões

1. Acho muito difícil tomar decisões importantes. _____
2. Acho muito difícil tomar decisões pequenas, do dia a dia. _____
3. Tenho dificuldade em decidir alguma coisa porque receio que tome a decisão errada. _____
4. Após tomar uma decisão, muitas vezes me pergunto se ela estava correta. _____
5. Eu adio a tomada de decisões com frequência. _____
6. Em geral, duvido de minha capacidade de tomar boas decisões. _____
7. Eu me arrependo de algumas das principais decisões que tomei na vida. _____
8. Levo sempre muito tempo para tomar decisões, porque pesquiso de antemão e faço uma coleta de dados exagerada. _____
9. Não consigo me perdoar quando tomo uma decisão que acaba não sendo a mais adequada. _____
10. Permito que as pessoas próximas a mim influenciem minhas decisões mais do que eu gostaria. _____
11. Se eu fizer parte de um grupo que está tomando uma decisão, acho difícil discordar dos outros integrantes. _____
12. Se tomar uma decisão errada, me chamo de burra e me critico por muito tempo. _____
13. Quando tomo decisões, confio muito na opinião de outras pessoas, como meu marido ou meus pais.

Parte 6 – Nota: _____

Pontuação

Em primeiro lugar, some as notas que obteve em cada parte do teste. A nota (ou notas) mais alta(s) indica(m) onde o perfeccionismo lhe traz mais problema. As seis partes do teste correspondem aos capítulos 5 a 10 do livro.

Depois, some as notas de todas as partes. Essa será sua pontuação final. Use-a para determinar seu grau de perfeccionismo (se tiver pulado as partes "Criação dos filhos" e "Seu emprego", veja a pontuação alternativa na página seguinte).

0-40: (1) Perfeccionismo não é um grande problema para você. É possível que se sinta um pouco perfeccionista em determinados períodos da vida, mas, de modo geral, você é capaz de perdoar erros e aceitar as coisas quando não estão do seu jeito.

41-90: (2) Na maior parte do tempo o perfeccionismo não lhe causa problema. Você tende a estabelecer metas realistas, embora seja às vezes rígida em suas expectativas. Pode haver uma área em sua vida – a carreira, por exemplo – na qual o perfeccionismo prevaleça e você exija mais de si mesma.

91-142: (3) Você espera perfeição em algumas, mas não em todas as áreas de sua vida. Uma vez ou outra você sai do rumo em razão de expectativas irracionalmente altas. Você considera que apenas o seu modo de fazer as coisas é o certo, mas às vezes consegue ser realista e flexível.

143-193: (4) Você considera muito difícil aceitar falhas em si mesma e nos outros, e isso pode interferir no sucesso de sua carreira e de seus relacionamentos pessoais. Você estabelece padrões rígidos e fica frustrada quando eles não são alcançados. O perfeccionismo às vezes atrapalha sua capacidade de ser feliz.

194-234: (5) O perfeccionismo a está impedindo de aproveitar a vida. Sua convicção de que tudo deve – e pode – ser perfeito talvez esteja reduzindo sua autoestima e lhe trazendo depressão, culpa, inflexibilidade e ansiedade. Cuidado para não ficar imobilizada pelo medo de fracassar. Se sua pontuação estiver nessa faixa, é provável que seu perfeccionismo a esteja prejudicando e talvez seja bom procurar ajuda profissional.

Pontuação alternativa

Se você pulou uma parte do teste, as faixas de pontuação passam a ser:

(1) 0-34
(2) 35-76
(3) 77-118
(4) 119-160
(5) 161-195

Se você pulou duas partes do teste, as faixas de pontuação passam a ser:

(1) 0-27
(2) 28-61
(3) 62-95
(4) 96-129
(5) 130-156

CAPÍTULO I

Em um mundo perfeito

Tenho certeza de que algumas pessoas olhariam para mim e jamais imaginariam que sou perfeccionista. Não mantenho a casa em plena ordem. Estou acima do peso e minha carreira tem tido uma trajetória irregular, para dizer o mínimo. Estou sempre à procura de outro emprego, de algo mais desafiador e mais bem remunerado e que traga também mais satisfação pessoal. Sempre achei difícil encontrar um lugar onde conseguisse me empenhar ao extremo e gostar do que fazia.

Acredito que minha atitude se origine do ideal perfeccionista segundo o qual fui criada. Minha mãe se preocupava ao máximo com as aparências – da casa, das roupas –, enquanto papai tinha o foco em suas realizações. Nesse aspecto, puxei a ele. Quando estava na escola, era fundamental que eu sempre tirasse a nota máxima. Se tirasse um 9 ou se tivesse a má sorte de tirar um 8, ficava muito chateada comigo mesma. Durante a faculdade, adoeci e precisei ser hospitalizada pouco antes do fim de um semestre. Estava me sentindo muito mal e não me saí bem nas provas. Minha nota final foi um 8. Foi o único, mas ainda penso nele.

Sempre fui gordinha. Embora diga a mim mesma que não devo me preocupar com os padrões que a sociedade estabelece, continuo dando importância a isso, tentando fazer dieta e me sentindo péssima por não conseguir emagrecer. Minha mãe sempre representou um desafio para mim no quesito excesso de peso. Ela sempre foi magra, mas puxei ao meu pai, que é gordo. À medida que os anos passam, isso me incomoda menos, mas, como a maioria dos filhos, quero que meus pais se orgulhem de mim e sintam que foram capazes de me dar uma boa educação. Agora, aos 47 anos, meu peso se tornou uma questão de saúde, o que me preocupa ainda mais.

Tive depressão pós-parto quando dei à luz minha terceira filha, porque minha vida estava um caos quando ela nasceu. Estávamos de mudança para outro estado e meu marido tinha ido antes, sem mim, então precisei tomar conta sozinha de nossas duas filhas mais velhas e ainda vender a casa. Foi um período extremamente estressante e, além disso, eu não estava feliz com a gravidez, porque planejara voltar a estudar depois da mudança. Meu marido adorava seu novo emprego e não parava muito em casa. Eu me sentia sozinha e infeliz. Dormia poucas horas por noite. A depressão começou poucos dias após o parto. A sensação era de que o mundo estava vindo abaixo. Depois de um período de repouso e alguns medicamentos, melhorei, mas levei muito tempo – seis meses, talvez – para voltar ao normal. Espero não passar por algo parecido de novo.

Quando se trata de tomar decisões, sou a rainha do arrependimento. Ainda penso nos erros que cometi quando era adolescente e gostaria de poder voltar atrás em muitas coisas. É um problema que me acompanha há anos e tem sido motivo de longas e caras conversas com meu analista. A decisão da qual mais me arrependi foi a de ter me casado naquela época. Cresci em uma família muito religiosa e, quando engravidei, meus pais acharam que a melhor solução seria o casamento. Continuo casada com o mesmo homem, mas talvez minha vida tivesse sido diferente – melhor, quem sabe? – se tivesse me casado com outra pessoa, ou com o mesmo homem em uma época mais conveniente.

Gosto de sentir que controlo as coisas. É por isso que bebo pouco, porque não gosto de perder o controle. Também detesto andar de carro quando outra pessoa está dirigindo. Acho que dirijo melhor que ninguém, embora isso talvez tenha mais a ver com a questão de exercer o controle do que com a habilidade na direção.

Esperar que tudo corra à perfeição é um modo insano de viver. Não há nada perfeito neste mundo e tentar continuamente atingir a perfeição leva a uma série de problemas. Nunca acho que tudo está bem de fato. Acredito que isso seja fruto da minha percepção irreal de como o mundo deveria ser.

Cynthia

Há 100 anos, o papel da mulher era claro: ter filhos, educá-los, preparar as refeições e tomar conta do lar. Se a casa estivesse limpa e os filhos, bem alimentados, as pessoas achavam que você estava fazendo um bom trabalho. Hoje, além dessas, as mulheres têm inúmeras outras responsabilidades. Muitas trabalham fora. Nós nos preocupamos com nossos empregos, com a qualidade do nosso relacionamento conjugal, com o rendimento dos filhos na escola, com a nossa aparência e a de nossas casas, com o comportamento de nossos filhos e muitas coisas mais.

Não é de admirar que nos sintamos infelizes! Queremos nos destacar em tudo. Mas com tanta coisa para fazer, ninguém consegue. É impossível ser excepcional no casamento, na casa, com os filhos, na carreira, com o corpo, as amizades, os hábitos de saúde, e tudo mais. No entanto, queremos fazer tudo da melhor maneira. E, quando não conseguimos, nos sentimos um fracasso.

Sob vários aspectos, perfeccionismo é um fenômeno tipicamente americano. No início do século XIX, o puritanismo e seu Deus severo começaram a ceder lugar ao individualismo, com ênfase no poder das pessoas de determinar a própria salvação por meio de boas ações e do comportamento adequado.

Para alcançar essa dimensão, os reformistas voltaram a atenção para as mulheres americanas. Encontraram muita coisa que quiseram reformar. Até aquela época, a maioria das mulheres não sabia ler. Mas a América necessitava de homens fortes e com bons princípios para construir a nova nação, e, para criar tais homens, as mulheres precisariam ter instrução. Pela primeira vez, grandes quantidades de garotas aprenderam a ler, e, como consequência, o número de mulheres brancas alfabetizadas aumentou significativamente.

Enquanto crescia a alfabetização entre as mulheres, se desenvolvia também a indústria editorial. O século XIX trouxe uma diversidade de obras de culinária, livros escritos por mulheres e livretos que apontavam muitas falhas femininas, instigando-as a usar as descobertas no campo da ciência doméstica para trazer melhorias para suas vidas, suas casas e a saúde de suas famílias.

Em 1829, uma escritora chamada Lydia Child publicou *The Frugal Housewife*, livro que se tornou campeão de vendas de sua época. Esse exemplo clássico de livros de mulheres do século XIX fornece orientação sobre uma grande variedade de tarefas, entre as quais a de administrar a casa, planejar soluções domésticas, tingir roupas, cozinhar, educar os filhos e suportar a pobreza.

Como muitas outras escritoras de sua época, Lydia Child tinha ideais rígidos sobre como mulheres de bons costumes deveriam administrar a casa e a vida, e não tinha vergonha de oferecer regras. Ela advertia, por exemplo, que divertimentos públicos, como tabernas e passeios de barco, e também as férias, levariam a uma "república suntuosa e ociosa", destinada a mergulhar o país na ruína. A mensagem para as mulheres era transmitida em alto e bom som: elas eram responsáveis não apenas pela felicidade de suas famílias, mas também pelo bem-estar, pela moralidade e pelo sucesso da nação inteira. Essas, sim, eram expectativas elevadas!

A conquista do novo espaço

Ao mesmo tempo que economistas domésticas e autoras de livros de culinária propunham mudanças na cozinha, o incipiente movimento pelos direitos das mulheres lutava por mudanças nas eleições. Em 1848, foi realizada em Nova York a primeira convenção pelos direitos das mulheres. As participantes exigiam tratamento igual para homens e mulheres perante a lei e direito ao voto feminino, o que só foi alcançado em 1920, quando o Congresso emendou a Constituição.

Enquanto isso, em 1916, Margaret Sanger abriu uma clínica de controle de natalidade em Nova York. Ao fazer isso, deu o primeiro passo rumo à conquista pelas mulheres da liberdade de reprodução, que lhes permitiria exercer um poder sobre a gravidez nunca antes experimentado.

A ação de economistas domésticas e ativistas dos direitos das mulheres se movia em duas direções distintas – uma levava para a cozinha e a outra, para o mundo. Cada grupo revolucionou uma parte da vida feminina. As mulheres americanas continuariam a sentir seus efeitos ao longo de décadas.

Na década de 1940, a Segunda Guerra Mundial arrancou mulheres de suas casas e as levou para os locais de trabalho. Milhões delas, inspiradas pela personagem da campanha que tentava convencer as mulheres a contribuir financeiramente para a guerra, cumpriram seu dever patriótico e assumiram postos de trabalho em fábricas e escritórios em todo o país. Elas não apenas descobriram que conseguiam fazer o trabalho que seus maridos tinham deixado para trás, como perceberam que gostavam dele. Trabalhar fora deu às mulheres o gosto pelas liberdades financeira e pessoal, até então privilégio quase exclusivo dos homens.

Gostando ou não, a maioria das mulheres americanas voltou penosamente para a cozinha de suas casas quando os homens retornaram da guerra. Era a década de 1950 e os Estados Unidos esperavam que suas mulheres tivessem famílias grandes e casas confortáveis para as quais seus soldados pudessem voltar após um longo dia de trabalho. As revistas femininas as bombardeavam com imagens da perfeição e suas televisões novas em folha mostravam ícones femininos circulando sem esforço por um mundo onde as mulheres dirigiam a casa e criavam os filhos – de saia, meia fina e salto alto, é claro! – e o pai era considerado a fonte de sabedoria.

De donas de casa ao mercado de trabalho

Em 1963, Betty Friedan botou a boca no trombone. Seu livro *A mística feminina* descrevia a insatisfação que permeava as mulheres de classe média forçadas a encarar seus limitados papéis de mãe, esposa e dona de casa.

"O problema permaneceu escondido e calado por muitos anos nas mentes das mulheres americanas", escreveu Friedan. "Era uma sensação estranha de insatisfação, um anseio que tomou conta das mulheres na metade do século XX nos Estados Unidos. Todas as mulheres da periferia lutavam contra ele sozinhas. Arrumavam as camas, compravam gêneros alimentícios, combinavam a capa dos sofás com a cor da cortina, serviam de motorista para grupos de escoteiros, se deitavam ao lado dos maridos à noite, mas tinham medo de fazer a pergunta silenciosa até para si mesmas: 'Isso é tudo?'"

Betty percebeu como uma expectativa deformada de perfeccionismo feminino tinha se infiltrado na cultura americana nos anos seguintes à Segunda Guerra Mundial:

> *Milhões de mulheres viviam na imagem daquelas belas fotos das donas de casa do interior americano, despedindo-se do marido com um beijo na frente de casa, dirigindo a caminhonete da família cheia de crianças até a escola e sorrindo enquanto passavam a nova enceradeira elétrica no chão imaculado da cozinha. Elas mesmas assavam o pão, costuravam suas roupas e as dos filhos, mantinham as máquinas de lavar e de secar em funcionamento o dia inteiro. Trocavam os lençóis duas vezes por semana e não apenas uma, faziam aulas de tapeçaria e sentiam pena de suas pobres e frustradas mães, que tinham sonhado ter uma profissão. Seu único sonho era o de ser esposa e mãe perfeita, sua maior ambição era ter cinco filhos e uma linda casa, sua única luta era conseguir um marido e conservá-lo. Não pensavam em problemas do mundo fora de suas casas, queriam que os homens tomassem as decisões mais importantes. Vangloriavam-se de seu*

papel de mulher e preenchiam com orgulho o formulário do censo – profissão: do lar.

Depois que Betty Friedan expôs "o problema que não tinha nome", a vida das mulheres começou a mudar. Durante as décadas seguintes, as barreiras foram sendo demolidas. Novas leis e crenças culturais sempre em renovação deram às mulheres a liberdade nunca antes experimentada de cursar uma faculdade, ter uma carreira e controlar se e quando queriam ter filhos.

Em 1960, nos Estados Unidos, 36% das mulheres acima de 16 anos trabalhavam fora de casa. De acordo com o Ministério do Trabalho daquele país, em 2005 as mulheres representavam apenas um pouco menos da metade da força de trabalho do país.

Mas aconteceu uma coisa curiosa. Embora as mulheres trabalhassem *fora*, continuavam elevadas as expectativas quanto ao seu papel *dentro* de casa. Elas tinham percorrido um longo caminho, claro, mas ainda precisavam servir o jantar, tomar conta dos filhos, lavar e passar a roupa, limpar a casa, lembrar-se de mandar cartões de aniversário aos parentes e manter os maridos sexualmente satisfeitos. O que a sociedade dizia de fato às mulheres era que elas podiam ter tudo aquilo, mas se fossem fazer tudo, que fizessem bem.

Infelizmente, poucos homens assumiram a responsabilidade de partilhar tarefas com as esposas que trabalhavam fora, ajudando nas compras, no cuidado com os filhos ou na limpeza. No seu livro de 1989, *The Second Shift*, a socióloga Arlie Russell Hochschild mostra que, enquanto os homens se sentiam livres para relaxar após o trabalho, a história para as mulheres era bem diferente. "Do mesmo modo que há uma distância salarial entre homens e mulheres no mercado de trabalho, há uma distância no tempo disponível que cada um tem em casa. A maioria das mulheres trabalha um turno no escritório ou na fábrica e um 'segundo turno' em casa."

Arlie calculou que, em razão das atividades domésticas e do cuidado com os filhos, as mulheres trabalhavam por semana em média 15 horas mais que os homens. Ao longo de um ano, trabalhavam um mês a mais, em jornadas de 24 horas. Em 12 anos, era um ano extra de trabalho 24 horas por dia. "O dia não tem mais horas do que quando as esposas ficavam em casa, mas o trabalho delas dobrou. São acima de tudo as mulheres que absorvem essa 'aceleração'."

A armadilha da perfeição

À medida que as mulheres se dedicavam a mais e mais atividades – muitas vezes com apoio inconsistente dos homens em suas vidas –, seria de pensar que elas deixariam a desejar no tocante às expectativas. Mas não foi o que aconteceu. Ao longo da década de 1990 e até hoje, os meios de comunicação continuaram a apresentar felicidade completa em todas as facetas da vida como um objetivo plausível. Era impossível pegar uma revista que não nos dissesse para nos aperfeiçoarmos. Quase todos os artigos informavam como a mulher poderia melhorar: como fazer biscoitos deliciosos, tirar manchas com perfeição, ter uma gravidez tranquila, manter o peso ideal, educar os filhos, vestir-se adequadamente. Nunca nenhum deles disse: "Você está ótima assim." A mensagem martelada pelas revistas era que as mulheres precisavam melhorar em todos os aspectos da vida.

Os meios de comunicação dizem não apenas o que você deve fazer para levar uma vida perfeita: com a publicidade, eles dizem o que você deve comprar para ter uma vida perfeita. É fácil esquecer que os meios de comunicação têm interesse em fazer com que sintamos que precisamos ser mais e comprar mais. Ter um país cheio de mulheres que não aceitariam menos que a absoluta perfeição é exatamente o que a mídia quer – você pode gastar uma fortuna nessa busca.

Enquanto os meios de comunicação disseminam a ideia da perfeição em casa, as revistas femininas estabelecem padrões irracionais com relação à aparência. Por exemplo, a revista *Glamour* oferece "10 novas regras da boa aparência". As regras são bem abrangentes, desde o que vestir para ressaltar sua característica física predileta à prática da arte da camuflagem, da escolha de tecidos que valorizam o corpo ao uso sábio de estampas e à consciência de que um corpo esbelto é o que lhe convém.

Essas regras fazem sentido – você não pode reclamar de alguém que recomenda que uma mulher com quadris largos e barriga flácida evite blusa curta e saia colada no corpo. Mas a *Glamour* leva a perfeição um pouco longe demais quando diz às mulheres o que fazer com essas 10 regras. "Memorize-as, acredite nelas, siga-as e você sairá de casa elegante e na moda *todos os dias*." Isso é realmente pedir demais – eu ficaria satisfeita se conseguisse sair de casa elegante e na moda uma vez por semana.

O que essas regras e as revistas que as publicam estão de fato dizendo é: seja magra. Seja jovem. Tenha seios fartos e cintura fina. Passe horas e horas por semana pensando no que deveria usar para ter a aparência de que gostaria. Faça o que dizemos – e compre o que nossos anunciantes vendem – e você conseguirá se parecer com as divas do cinema e da TV. Se não conseguir, é porque não está tentando com o empenho necessário nem memorizando bem as nossas regras.

Mensagens para hoje

Então, aonde tudo isso nos leva, nós que batalhamos para ter hoje uma vida feliz? No fim do século XX, as forças que vinham se desenvolvendo por quase dois séculos – a excelência em casa e a liberdade no mundo – se uniram e aterrissaram bem nos ombros das mulheres. As mulheres podiam ir à faculdade, casar, ter filhos e escolher uma profissão. Podíamos ter tudo isso. A única coisa que não podíamos ter era o tempo e a energia extras de que precisávamos para fazer todas essas coisas tão bem quanto a sociedade esperava. Depois, nossa jornada mudou e assumimos dois turnos inteiros – um no trabalho e outro em casa.

O que não mudou foi nossa expectativa. Queremos que nossas casas pareçam tão bonitas quanto as de nossas amigas que não trabalham fora. Mães que trabalham fora tentam fazer seu trabalho tão bem quanto os colegas do sexo masculino ou as colegas que não têm filhos. E ainda que trabalhemos em horário integral, esperamos ser mães melhores do que aquelas que ficaram em casa e que nos criaram.

Hoje as mães que ficam em casa não estão livres da pressão da perfeição. A maioria acha que, por não trabalhar fora, precisa ser supermãe. Como você não sai para trabalhar, sofre até mais pressão para manter a casa limpa, exercitar a criatividade das crianças, agendar as aulas de natação, definir os horários de brincar com os amiguinhos e preparar as refeições saudáveis. "Já que ser mãe é a minha ocupação, sinto que devo levá-la mais a sério e desempenhá-la melhor do que minhas amigas que trabalham fora", me disse uma amiga que é dona de casa.

Trabalhando fora ou não, ouvimos vozes – de nós mesmas, da sociedade – nos lembrando do que "deveríamos" ser. Do minuto em que nos arrastamos para fora da cama de manhã até o instante em que pegamos no sono à noite, somos inundadas por mensagens que nos dizem que devemos ser magras, bonitas, bem-sucedidas, sensuais e, ao mesmo tempo, mães excepcionais, esposas compreensivas, funcionárias extraordinárias e voluntárias alegres.

Você pode interromper essa insanidade baseada na perfeição. Não precisa ser escrava dessas mensagens. Pode mudar seu modo de reagir às expectativas estabelecidas pelos outros e pode reformular as demandas que você se faz automaticamente. Primeiro, no entanto, devemos ir um pouco mais fundo e observar onde estamos hoje.

CAPÍTULO 2

Por que não consigo fazer tudo certo?

Tudo o que faço, tento fazer com perfeição. Sou extremamente competitiva e sinto uma necessidade enorme de estar certa. Isso às vezes complica a vida. Recentemente passei por um momento difícil com um projeto que estava gerenciando. A profissional que contratei para coordená-lo me causou um grande problema. Ela disse às pessoas com as quais trabalhávamos que eu era uma péssima gerente e que sempre a repreendia. Alguns membros da alta gerência da companhia pareciam acreditar nela. Isso durou mais ou menos um ano e, durante esse tempo, tive insônia e um problema terrível de coluna. Fiquei física, mental e emocionalmente destruída. Acabei largando o emprego. Não suportava a ideia de as pessoas pensarem mal de mim.

Reconheço que gasto muito tempo buscando permissão para fazer coisas que são boas para mim, mas que podem afetar outras pessoas ou suas opiniões sobre mim. Tenho pavor de cometer erros, o que me faz sentir como se estivesse com as mãos atadas.

Quando estava na faculdade, a situação financeira de meu pai mudou drasticamente e ele não teve mais condições de pagar meus estudos. Durante os três anos seguintes, em várias ocasiões pensei em me transferir ou abandonar a faculdade porque minha família não podia arcar com as despesas. Meus pais me convenceram a não desistir, pegando mais empréstimos e economizando em tudo. Eu era chamada ao escritório do tesoureiro e pressionada a pagar as contas, mas não tinha dinheiro nem controle sobre minha situação. Essa experiência, além de arruinar minha faculdade, me deixou com vontade de controlar tudo.

Quando acabei a faculdade, o rapaz que eu namorava havia cinco anos terminou comigo. Minha mãe achou que seria bom eu ir visitar minhas irmãs na Califórnia e mandou o dinheiro da passagem aérea. Naquela época, eu tinha um medo enorme de andar de avião – o que deve acontecer com todo bom fanático por controle! Quando o avião levantou voo, tive a súbita sensação de que me libertava da necessidade de ter controle sobre tudo e fiquei eufórica. Percebi que precisava confiar em outras pessoas, entre as quais o piloto. Eu me libertei de meu pai e do controle que ele exerceu sobre minha juventude, me libertei da tristeza pelo terrível rompimento que acabava de enfrentar e, pela primeira vez na vida, experimentei a liberdade de aceitar o Universo como ele é.

Angela

Querer as coisas perfeitas *parece* bom. Vivemos em um mundo imperfeito – quem pode nos culpar por querer tornar perfeito o cantinho dele que ocupamos? O problema com o perfeccionismo é saber em que quantidade ele está presente na sua personalidade. Um traço de perfeccionismo aqui e ali pode ser construtivo, porém níveis mais altos podem estimular sentimentos de angústia, ansiedade, depressão, baixa autoestima, culpa e decepção. Em casos extremos, pode contribuir para problemas conjugais, alcoolismo, excesso de trabalho, uso abusivo de drogas e até suicídio.

Mas não vamos botar a carroça na frente dos bois. Antes de entrar em detalhes sobre o que provoca o perfeccionismo, devo esclarecer o que ele é e de onde vem. Depois explicarei alguns dos danos que o perfeccionismo descontrolado pode causar à vida de uma mulher.

O que é perfeccionismo?

Os pesquisadores canadenses Gordon L. Flett e Paul L. Hewitt escreveram *Perfectionism: Theory, Research, and Treatment*, considerado a bíblia sobre o perfeccionismo. Segundo eles, o perfeccionismo "normal" tem como objetivo a irrepreensibilidade: "O perfeccionismo normal é definido como a busca de padrões razoáveis e realistas que levem a uma sensação de autossatisfação e aumentem a autoestima."

De acordo com Flett e Hewitt, quando o perfeccionismo vai longe demais, é considerado extremo, ou "neurótico". "O perfeccionismo neurótico é o que tem a tendência a buscar padrões excessivamente elevados, motivado pelo receio de fracasso e pela preocupação em não decepcionar os outros." Em outras palavras, *querer* ser perfeito é normal; *esperar* ser perfeito em todos os aspectos da vida é um exagero. Uma pessoa que batalha pela perfeição se esforça para conseguir a nota máxima; a perfeccionista neurótica considera um fracasso qualquer nota abaixo de 9. Na verdade, pode até pensar no 9 como uma espécie de fracasso se tiver se esforçado muito para consegui-lo. Flett e Hewitt descobriram que algumas das tendências a seguir se manifestam em perfeccionistas:

- **Esperar que pessoas e situações estejam isentas de falhas ou defeitos.** Há três tipos de perfeccionistas: pessoas que esperam de si mesmas a perfeição, as que exigem perfeição dos outros e as que pensam que os outros esperam perfeição delas.
- **Ficar "bloqueado" em tarefas.** Dúvida e preocupação com relação a erros podem levar a adiamentos.
- **Ter pensamentos automáticos voltados para a perfeição.** Mesmo quando não percebem, perfeccionistas dizem a si mesmas que precisam ser perfeitas.
- **Ter uma percepção exagerada da imperfeição.** Perfeccionistas percebem cada falha e se prolongam nela.
- **Sentir vergonha e culpa.** Quando uma mulher perfeccionista comete um erro, se sente envergonhada do que os outros pensam e culpada pelo próprio desempenho inaceitável.
- **Transformar os acontecimentos em catástrofe.** Para as perfeccionistas, o menor contratempo tem mais importância do que deveria.

- **Estabelecer padrões rígidos.** Perfeccionistas estabelecem expectativas irracionalmente altas. Para elas, não existe meio-termo para o sucesso – ou você é um sucesso completo ou um fracasso absoluto.
- **Esperar o impossível.** Perfeccionistas sentem que deveriam se destacar em todas as áreas, até naquelas em que não têm experiência ou que não são relevantes.
- **Fazer julgamentos do tipo "ou tudo ou nada".** Se uma mulher perfeccionista não consegue desempenhar bem uma tarefa, pode vir a considerá-la inútil.
- **Exagerar no que está em jogo.** Perfeccionistas se convencem de que o mundo depende de cada decisão e ação.
- **Reagir com exagero.** Perfeccionistas tendem a enfrentar problemas de forma excessivamente emocional, reativa, em vez de atacá-los de frente, com estratégias focadas no problema e orientadas pelas tarefas.

A obsessão pelo perfeccionismo pode afetar a autoestima porque perfeccionistas tendem a se envolver em pensamentos do tipo "ou tudo ou nada" quando avaliam seu desempenho. Se uma perfeccionista fracassa em uma tarefa – se tira nota baixa em uma prova, por exemplo –, tende a aumentar essa sensação de fracasso, que passa a abranger não apenas a prova, mas ela mesma. Perfeccionistas pulam rapidamente da ideia "fracassei nesta tarefa" para "sou um fracasso". Quando algo está fora do lugar na bancada da cozinha, as perfeccionistas tendem a passar rapidamente do pensamento "minha bancada está uma bagunça" para "minha cozinha inteira é uma bagunça" e depois para "sou desorganizada".

Pessoas com essa característica lutam arduamente contra o estresse, que é ligado de maneira indelével a sensações de tristeza, frustração, desapontamento e depressão. Perfeccionistas têm expectativas irrealistas a respeito do estresse – acreditam que se trabalharem duro para conseguir soluções "perfeitas" para seus problemas, o estresse irá desaparecer. Para elas, estresse é sinal de fracasso.

Perfeccionismo × TOC

Perfeccionistas muitas vezes brincam que têm TOC (transtorno obsessivo-compulsivo). No entanto, há uma grande diferença entre perfeccionismo e esse distúrbio.

Pessoas com TOC ficam preocupadas com certos pensamentos persistentes (obsessões) e usam rituais (compulsões) para controlar a ansiedade que eles produzem. Por exemplo, se a pessoa tem obsessão por germes, talvez desenvolva uma compulsão por desinfetar a bancada da cozinha repetidas vezes. Se tiver obsessão por uma letra caprichada, pode reescrever uma carta infinitas vezes antes de ficar satisfeita com o resultado.

Pessoas com TOC às vezes sentem necessidade de tocar, contar ou verificar coisas repetidamente (como o fogão, para se certificar de que está desligado). Seus pensamentos e rituais obsessivos podem interferir no dia a dia.

O TOC pode surgir sozinho ou estar acompanhado de transtornos alimentares, de depressão ou outros distúrbios de ansiedade, como ataques de pânico e apreensão. Homens e mulheres são afetados em igual número pelo TOC, o qual se acredita ser genético. Casos graves do transtorno podem interferir em todos os aspectos da vida. Ele também pode ser tratado de maneira eficaz com medicamentos e/ou psicoterapia.

Este livro não tem como alvo mulheres com TOC ou qualquer outra doença psicológica. Destina-se àquelas que acham que suas tendências perfeccionistas às vezes prejudicam sua qualidade de vida. Se você suspeita de que tem TOC, converse primeiro com seu clínico. Se necessário, ele irá encaminhá-la a um psiquiatra.

Doença e bem-estar

Perfeccionistas correm um grande risco de contrair uma variedade de enfermidades que são causadas ou agravadas pelo estresse e pela ansiedade que o perfeccionismo acarreta. Por exemplo, perfeccionistas são vulneráveis à depressão pós-parto (DPP). É normal sentir tristeza, ansiedade e depressão durante alguns dias após o parto – o que os médicos chamam de "tristeza materna". No entanto, cerca de 10% das novas mães sofrem de DPP, um caso mais sério de distúrbio do humor. Mulheres com DPP têm problema para desempenhar tarefas cotidianas corriqueiras por causa de sentimentos de ansiedade, depressão e desespero.

A DPP pode ter muitas causas: falta de apoio familiar, doença psiquiátrica prévia, estresse recente (como morte na família), alteração nos níveis hormonais, irregularidade no funcionamento da tireoide, fadiga e relacionamento tumultuado com a mãe.

A mãe novata com tendência ao perfeccionismo espera ser uma mãe perfeita desde o momento em que seu filho nasce. Ela acredita que deveria saber, por instinto, como amamentar e cuidar do bebê. Sente-se culpada se não tiver uma ligação imediata com ele (muitas mulheres não têm) ou, se a criança for extraordinariamente nervosa, põe a culpa em si mesma e na sua falta de habilidade materna. Mães perfeccionistas se prendem à sua imagem do que a "mãe ideal" deveria ser e, toda vez que não conseguem preservar essa imagem, ficam irritadas e decepcionadas.

A perfeição também é em parte responsável por distúrbios alimentares. No mundo todo, muitas pessoas, na maioria mulheres, sofrem de anorexia nervosa ou de bulimia. Muitas têm tendências perfeccionistas em termos de dieta, exercício, imagem do corpo e peso.

Uma equipe de pesquisadores de importantes universidades dos Estados Unidos identificou as seis principais características de personalidade/comportamento entre mulheres com distúrbios alimentares, entre as quais estão obsessionalidade (termo usado em psicologia para uma forma de perfeccionismo) e preocupação com erros.

Mulheres com distúrbios alimentares têm expectativas elevadas e irreais em termos de peso, controle dos hábitos alimentares, aparência e dedicação a exercícios. Restringem calorias, vomitam o que comem e exageram nos exercícios para chegar ao peso "perfeito". No entanto, por mais magras que estejam, nunca acham que atingiram o objetivo.

Perfeccionismo também pode causar ou agravar insônia, sintomas gastrintestinais e outras doenças relacionadas ao estresse e à ansiedade.

Os 10 principais indícios do perfeccioismo

1. Não consegue parar de pensar em um erro que cometeu.
2. É muito competitiva e não suporta ter um desempenho pior que o dos outros.
3. Quer que algo seja "exatamente certo" ou não quer nada.
4. Exige perfeição de outras pessoas.
5. Não pede ajuda se o pedido puder ser entendido como falha ou fraqueza.
6. Insiste em uma tarefa muito tempo após os outros terem desistido.
7. Gosta de procurar falhas e sente necessidade de corrigir os outros quando estão errados.
8. Tem plena consciência das exigências e das expectativas de outras pessoas.
9. Fica extremamente constrangida se cometer erros na frente dos outros.
10. Percebeu o erro no título desta lista.

Impresso com a permissão de Gordon L. Flett

De onde vem o perfeccionismo?

Muitas de nossas entrevistadas para este livro cresceram sob a sombra do perfeccionismo. Criadas por mães que davam grande valor às aparências, viveram em casas perfeitas e seguiram seus exemplos ao se maquiar, se vestir e controlar o peso para permanecerem na sua melhor forma. Os pais as pressionavam para que se destacassem nos estudos, nos esportes e nas carreiras. O sucesso era tido como certo. O fracasso era punido ou completamente ignorado.

Tive um pai perfeccionista e uma mãe muito informal. Durante a infância essa dualidade de vez em quando me confundia. Acho que teve um efeito enorme sobre a pessoa que sou hoje em dia. Às vezes sinto como se tivesse uma personalidade dividida – há áreas em que realmente me empenho muito e outras com as quais não me preocupo nem um pouco. Constantemente me pego sendo perfeccionista no papel de mãe e na minha carreira. Em outras áreas, no entanto, fico feliz em deixar as coisas um pouco mais à vontade – em casa, por exemplo, e com minha aparência. Em certos aspectos puxei ao meu pai, que se esforçou de forma implacável na sua carreira, e à minha mãe, que se sentia à vontade em meio à confusão e que quase não usava maquiagem. Ela não era perfeccionista em relação ao que vestia. Herdei dela essa característica, pois também não dou muita importância a roupas, maquiagem ou cabelo.

As pessoas desenvolvem o perfeccionismo ao longo da vida ou nascem assim? Um pouco das duas coisas, talvez. O transtorno obsessivo-compulsivo tem um componente genético e, embora o perfeccionismo seja diferente do TOC, talvez haja uma conexão genética entre eles. Acredito que estabelecer padrões para o comportamento desempenhe um papel importante na transmissão de hábitos e crenças perfeccionistas. Pais perfeccionistas tendem a criar filhos perfeccionistas.

Muitas mulheres cresceram usando o perfeccionismo para abrandar o fato de ter uma irmã ou um irmão imperfeitos. Fiquei surpresa com a quantidade de mulheres entrevistadas que contaram histórias de irmãos mais velhos que tinham nascido com alguma incapacidade, que tinham morrido ou de algum modo tinham desapontado seus pais. Tenham ou não seus pais exercido pressão sobre elas, essas mulheres sentiram que precisavam corresponder às expectativas que seus irmãos mais velhos por algum motivo não puderam ou não quiseram alcançar.

Minha irmã morreu em um acidente de carro quando eu tinha 20 anos. Após sua morte, senti que eu precisava ser perfeita.

Em parte foi por isso que me casei – eu precisava ser a filha perfeita, não me mudar para outra cidade, não sair sozinha e ficar à disposição de meus pais. Tinha de ser forte. Então me casei com um perfeccionista e foi horrível. Provocávamos um ao outro o tempo todo. Esperávamos um do outro coisas que não nos eram possíveis. Era uma situação bem desagradável. Olhando para trás, vejo que nós dois estávamos sendo rígidos demais – era do meu jeito ou de jeito nenhum, não havia meio-termo.

Senti muita culpa ao me divorciar. Parecia que eu tinha escolhido alguém que era perfeito no papel – ele até acabara de se formar em direito – e que queríamos ter a vida de um conto de fadas: eu ficava em casa e criava os filhos e ele trabalhava. Depois de dois anos de casada, no entanto, percebi que aquela vida era muito chata e que eu não queria continuar daquele jeito. A cada provocação, nos distanciávamos mais. Eu me dei conta de que tinha me casado pelas razões erradas e de que precisava me separar. Minha família e a de meu marido davam apoio total a ele, mas não a mim. Achavam que eu estava sendo insensata. Lembro-me de meu pai ter dito: "Você não vai conseguir arrumar alguém melhor que ele." Eu tinha um pouco de força interior para superar isso, mas na verdade me sentia culpada por estar decepcionando todas aquelas pessoas, sobretudo meus pais.

Donna

No espelho retrovisor

Algumas de nossas entrevistadas eram mulheres mais velhas que temiam – pelo que seus pais diziam ou pelo que elas mesmas se diziam – que, se não se esforçassem o suficiente, seus irmãos mais jovens as alcançariam ou até, que Deus não permitisse, as superariam. Outras usavam suas realizações pessoais para se sobressaírem: notas altas e prêmios na escola atraíam a atenção positiva pela qual tanto ansiavam.

Até um comentário isolado feito pelo pai, pela mãe ou por outro membro da família pode desencadear um comportamento perfeccionista. Quando eu era criança, meu pai me chamava de preguiçosa. Até hoje, é esse o rótulo que mais temo. Ouço esse comentário ecoar na minha mente quando faço uma pausa para descansar após um longo dia de trabalho. Tenho a impressão de que ainda preciso provar a alguém que não sou preguiçosa, embora meu pai tenha morrido há 10 anos.

Tenho duas filhas e sei que os comentários que faço sobre comida ou peso podem ter efeitos negativos sobre elas. As meninas percebem que meu marido e eu damos um duro danado no trabalho, por isso aponto qualquer erro que cometo – quero ser um modelo saudável e quero que elas sintam que não há problema em cometer erros. Não faço comentários sobre peso ou alimentação perto delas porque sei que isso poderia afetar a imagem que elas têm de seus corpos. As palavras têm um poder tremendo sobre mulheres vulneráveis, como ilustra o exemplo da princesa Diana: li que, durante o namoro, Charles a abraçava e comentava que ela estava ficando gorduchinha. Tempos depois, Diana conseguiu emagrecer, mas desenvolveu um distúrbio alimentar.

O desejo de controlar

Perfeccionismo é um ato de controle. Quando as coisas estão perfeitas, parecem mais ordenadas, mais controladas. Posso garantir que mesmo uma pequena quantidade de estresse, ou qualquer outra razão que leve as pessoas aos consultórios dos psicólogos, está relacionada a uma sensação de falta de controle. Algumas pessoas toleram a falta de controle; as perfeccionistas se sentem dominadas por ela.

As perfeccionistas podem ter uma situação caótica e incontrolável em suas vidas – um pai ou marido alcoólatra, por exemplo – e, porque essa parte de suas vidas virou um caos, tentam obter equilíbrio exercendo um controle exagerado em outras áreas. Talvez não consigam fazer nada com relação ao parente alcoólatra, mas podem assegurar que jamais engordarão um grama, que suas casas estarão sempre arrumadas e que seus filhos terão sempre as mais recentes engenhocas do mercado. Isso lhes dá uma falsa sensação de controle – se tudo *parece* bem, deve *estar* bem.

Como psicóloga, aprendi que a vida de tantas pessoas parece perfeita vista de fora, mas se examinada de dentro é possível ver que é turbulenta. No entanto, quando conheço uma mulher bonita e bem-sucedida e que ainda por cima é organizada, minha primeira suposição é de que ela é extremamente feliz. Então assumo de novo meu papel de psicóloga e me lembro de quantas de minhas pacientes, muitas delas com problemas sérios, têm vidas que parecem perfeitas quando observadas de fora. Diversas pessoas trabalham em ritmo frenético para que suas vidas pareçam perfeitas e mascarem questões importantes.

Mesmo que você tenha inveja de alguma pessoa, acredite em mim, é provável que a vida dela não seja a maravilha que aparenta ser. Aqueles para quem tudo parece dar certo muitas vezes têm problemas sérios, mas você não os percebe porque eles se esforçam para aparentar que são perfeitos. É assim que exercem o controle.

Não há problema em relaxar. Deixar o controle um pouco de lado pode ser uma experiência relaxante e satisfatória. Eu sei, isso é difícil, mas não tanto quanto você imagina. Como em qualquer trabalho, você precisa ter as ferramentas certas para alcançar o sucesso. No próximo capítulo falarei sobre uma que pode mudar sua vida.

CAPÍTULO 3

O que eu estava pensando?

Não há dúvida: o modo como você *pensa* pode ter um impacto poderoso sobre o que você *sente*. Esse elo estreito entre mente e corpo é a peça central do que é conhecido como medicina mente-corpo.

Ela não é de fato uma "medicina" em si. É um conjunto de recursos e técnicas que preparam a mente para alterar o comportamento ou a fisiologia. As técnicas mente-corpo podem ser usadas tanto na doença quanto na saúde. Podem abrandar sintomas de enfermidades e, se a pessoa tiver boa saúde, ajudá-la a se sentir ainda melhor e a torná-la mais saudável.

Quando o estresse em sua vida parece insuportável, você fica ansiosa, com raiva, apavorada, indefesa, devastada e deprimida. Nem sempre é possível eliminar os fatores que o causam, mas você pode mudar seu modo de reagir a eles com o uso de algumas técnicas.

Mulheres com tendências perfeccionistas querem exercer o controle. Quando o perdem, se sentem profundamente inseguras e infelizes. As técnicas mente-corpo não conseguem dar a elas poder sobre o que acontece à sua volta, mas as ajudam a recuperar o equilíbrio de como reagir aos desafios da vida. Não se pode controlar o oceano, porém essas técnicas facilitam a tarefa de manter o barco no rumo e enfrentar qualquer tempestade.

Ao longo deste livro, partilharei com você as muitas técnicas que podem ajudá-la a enfrentar o estresse e assumir o controle das próprias reações emocionais. A primeira delas é chamada reestruturação cognitiva, que pode começar a apresentar resultados positivos de imediato.

O que é reestruturação cognitiva?

O que você pensa pode determinar seu estado emocional. A reestruturação cognitiva permite que você mude seu modo de sentir, transformando seu modo de pensar. É um processo psicológico em que você substitui crenças irracionais (emocionalmente prejudiciais) por outras mais precisas (emocionalmente benéficas). Ele permite a você desafiar e substituir padrões de pensamento que desencadeiam ou aumentam a depressão, a ansiedade e outros estados emocionais negativos.

Todas as pessoas têm padrões de pensamento automático, ou autopensamentos. Eu os vejo como circuitos fechados que atravessam a mente, influenciando o que fazemos e dizemos sem o conhecimento consciente. Esses autopensamentos nos acompanham durante anos, podendo começar na infância e seguir conosco a vida inteira. São tão familiares que os consideramos fatos consumados. Alguns são benéficos: "Use sempre o cinto de segurança", por exemplo. Outros, no entanto, são distorcidos e irreais e podem causar estresse, ansiedade, depressão e insatisfação.

Kimberly, por exemplo, uma das entrevistadas, sempre lutou contra o excesso de peso. Na tentativa de mantê-lo sob controle, se esforça ao máximo para seguir uma dieta saudável. Desde que suas filhas nasceram, decidiu dar a elas uma alimentação nutritiva e mantê-las distantes da comida pouco saudável.

Um dos pensamentos automáticos de Kimberly é que restaurantes de fast-food são lugares ruins porque servem comidas que não são saudáveis. Por isso, quando seu marido disse que queria levar as meninas ao McDonald's, sua reação automática foi dizer não, porque "o McDonald's é ruim". Mas então parou para pensar melhor e percebeu que deveria reestruturar esse pensamento:

Um domingo, pouco tempo atrás, meu marido foi com nossas filhas visitar a mãe, para que eu pudesse ter um pouco de tempo só para mim. Ele planejava levá-las para almoçar no McDonald's. Quando me contou, pensei em ir ao supermercado e preparar um lanche para levarem. Isso, no entanto, teria acabado com o propósito do passeio, que era dar um pouco de tempo só para mim. Por isso não falei nada. Eles almoçaram no McDonald's e se divertiram muito. Se eu os tivesse proibido de ir porque elas precisam comer alimentos saudáveis, a visita teria sido menos divertida para eles e menos útil para mim.

A reestruturação cognitiva nos ensina a parar, refletir e avaliar situações com mais atenção. Foi exatamente o que Kimberly fez – em vez de agir com base em seu autopensamento, ela parou, o analisou e reestruturou e agiu de acordo com a situação. O julgamento inicial de Kimberly era irracional – fazer uma refeição no McDonald's não causaria a suas filhas problemas de peso durante a vida inteira. Chamamos esse tipo de pensamento de distorção cognitiva. Se ela tivesse agido de acordo com sua ideia original, teria perdido um tempo valioso e suas filhas não teriam ganhado nada em troca. Em vez disso, ela disse a si mesma que alimentos pouco saudáveis uma vez ou outra não fariam mal às meninas – um pensamento racional – e todos ficaram felizes.

Descobri que quando os pais não permitem que os filhos comam alimentos pouco saudáveis, eles se tornam obsessivos por esse tipo de comida. Na minha casa, sempre temos montes de comida pouco ou nada saudável (em geral sobras de festas ou das noitadas de pôquer de Dave, meu marido), mas as meninas praticamente a ignoram. Mas quando algum amiguinho delas que é proibido de comer esse tipo de coisa em casa vem nos visitar, fica louco para comer essas bobagens. O fruto proibido sempre atrai. Se você tem uma postura muito rígida com relação ao que seus filhos podem comer, pense em reavaliá-la. Permitir que eles comam uma ou outra bobagem pode fazer com que desejem comê-la cada vez menos.

COMO FAZER

A reestruturação cognitiva é um processo constituído de três passos. Acredito que escrever seja uma das melhores maneiras de compreendê-la. Pense em comprar um caderno pequeno para esta tarefa.

Passo 1: Identifique pensamentos prejudiciais

Quais são alguns dos autopensamentos que lhe causam estresse? Pode ser difícil identificá-los porque formam uma parte tão integrante da estrutura da sua mente que você os considera fatos e não distorções.

Comece pensando em um problema e o examinando a fim de descobrir sua origem. Digamos que você esteja totalmente estressada porque sua irmã e o marido chegam no dia seguinte para passar o fim de semana com você. Então, faça uma pausa e pense por que isso a incomoda. Talvez porque você tenha muita coisa para fazer antes da chegada deles e o tempo seja curto. Pare novamente e pense sobre essa justificativa. O que você precisa fazer antes que eles cheguem? Talvez tenha que limpar e arrumar a casa, além de fazer compras no mercado. Então se questione mais uma vez: por que tem que limpar e arrumar a casa e fazer compras? Talvez porque imagina que sua irmã a julgará mal se a casa estiver desarrumada ou se você servir comida congelada em vez de preparar uma refeição requintada. Pergunte a si mesma: por que você pensaria assim? Talvez porque quer impressionar sua irmã. Por que quer impressioná-la? Porque sempre achou que ela se considera melhor que você. Aí está seu pensamento automático, enraizado em sua mente: você se sente inferior à sua irmã. Esse é um pensamento que vale a pena ser confrontado.

Anotar esses pensamentos problemáticos é um bom modo de ter consciência deles. Sempre que se sentir estressada, infeliz ou insatisfeita, registre no caderno o que está pensando. Quando reler as anotações, é provável que comece a perceber padrões que a ajudarão a tomar consciência de pensamentos que induzem ao estresse.

Uma dica útil: preste atenção redobrada a qualquer pensamento que contenha termos absolutos e rígidos, tais como "deve", "precisa", "sempre", "nunca", "obrigação" e "necessário", porque muitas vezes eles têm papel importante no pensamento distorcido.

A lista a seguir contém alguns tipos de autopensamentos distorcidos que afligem mulheres com tendência ao perfeccionismo:

- Se este relatório não sair perfeito, vou ser demitida.
- Se engordar alguns quilinhos, vou parecer uma porca de tão gorda.
- Sou uma péssima mãe porque meus filhos nem sempre fazem o que peço a eles.
- Se eu não fizer um bolo para a festinha da escola do meu filho, todos acharão que sou uma mãe preguiçosa.
- Não posso sair com meus amigos porque não devo perder tempo comigo mesma.
- Ninguém gosta de mim.
- Nunca posso convidar alguém para jantar porque minha casa está sempre desarrumada.
- Vou parecer terrível se usar short porque ele deixa minhas varizes à mostra.
- Minhas necessidades vêm depois das de todo mundo.

Passo 2: Desafie seus pensamentos

Quando estiver ciente de seus autopensamentos estressantes, coloque-os à prova. Imagine que você é uma advogada que interroga rigorosamente uma testemunha. Não demonstre piedade – esse pensamento poderia lhe causar muitos problemas, por isso seja dura com ele e exija respostas às 10 perguntas seguintes:

1. Este pensamento é de fato verdade?
2. Estou tirando conclusões precipitadas?
3. Qual é a prova?
4. Estou exagerando ou dando ênfase excessiva a um aspecto negativo da situação?
5. Estou fazendo tempestade em um copo d'água, isto é, lidando com um problema pequeno como se fosse uma tragédia?
6. Como sei que tal coisa vai acontecer?
7. E se de fato acontecer?
8. Isso é tão ruim quanto parece?
9. É vantajoso para mim manter essa avaliação?
10. Há outro modo de encarar a situação?

Passo 3: Reestruture seus pensamentos

Quando tiver identificado um autopensamento como irracional e nocivo, é hora de reestruturá-lo. Para isso, examine-o sem restrições. Pegue dele tudo o que for verdade e ponha de lado as distorções. Depois, recrie o pensamento em um modo que cause menos estresse.

Para ilustrar os três passos da reestruturação cognitiva com um exemplo da vida real, vamos desafiar uma afirmação que ouvimos de muitas de nossas entrevistadas: "Não consigo dormir se houver louça suja na pia."

Exemplo

Passo 1: Identifique o pensamento

Um modo de reconhecer esse pensamento é se perguntar se é isso mesmo que você pensa. Outro é observar suas ações. Verificar a pia é a última coisa que você faz antes de apagar as luzes da cozinha à noite?

Passo 2: Desafie o pensamento

Faça a si mesma as 10 perguntas da página anterior. Nem todas se aplicam a cada pensamento, mas considere as que se aplicam.

- Esse pensamento é mesmo verdade? Provavelmente não. É quase certo que você não ficaria se virando para lá e para cá na cama a noite toda, sem conseguir dormir, só porque há uma xícara suja de café na pia.
- Qual é a prova? Você alguma vez já deixou louça suja na pia? Ficou acordada a noite inteira? É provável que não.
- Estou exagerando ou dando ênfase excessiva a um aspecto negativo da situação? Parece que sim.
- Estou fazendo uma tempestade em um copo d'água? Também parece que sim.
- Como sei que isso vai acontecer? A não ser que você de fato sofra de insônia causada por louça suja, não há como saber.
- Isso é tão ruim quanto parece? Claro que não.
- É vantajoso para mim continuar agindo dessa maneira? Não se lhe causar estresse, se a impedir de dormir bem e provocar discussões com seu marido por você estar lavando louça em vez de fazer sexo.
- Há outro modo de encarar a situação? Claro que sim! Você realmente não precisa estar com toda a louça da casa limpa para conseguir dormir.

Passo 3: Reestruture o pensamento

Examine cada parte do pensamento e imagine como reestruturá-lo. Se você de fato não consegue dormir se houver louça por lavar, provavelmente seria o caso de consultar um terapeuta. Seria mais preciso – e benéfico – para a maioria das pessoas dizer: "Não gosto de ir para a cama quando há louça suja na pia." E pense na louça. Se houver apenas uma xícara por lavar, em poucos segundos é possível resolver o que seu autopensamento lhe diz para fazer. No entanto, se a pia estiver cheia e a lava-louças não tiver sido esvaziada desde a véspera, lavar tudo tomaria muito tempo – tempo que poderia ser mais bem aproveitado dormindo, lendo, fazendo sexo, ou apenas se desligando dos acontecimentos do dia. Nessa situação, lavar a louça significa que uma pia vazia é mais importante do que ter 20 minutos para relaxar – talvez os únicos minutos que você teria no dia inteiro.

Uma boa maneira de reestruturar esse pensamento seria: "Prefiro lavar a louça antes de me deitar, porém considero mais importante dormir que lavar pratos." A reestruturação desse pensamento acaba com grande parte do estresse e das expectativas de perfeição. Ela lhe dá espaço para fazer o que você gosta – no caso, para lavar a louça se sobrar tempo e se não interferir em outras tarefas importantes. Mas, também, às vezes lhe dá a liberdade de colocar suas próprias necessidades em primeiro lugar. Isso é importante, porque muitas mulheres têm a sensação de que suas necessidades vêm sempre por último. Assumir o controle e se colocar em primeiro lugar – mesmo de forma limitada – pode ser muito importante para fazê-la se sentir melhor. Mesmo que você não deixe louça suja na pia a maior parte do tempo, a reestruturação desse pensamento específico pode ajudá-la a se sentir menos estressada pelo simples fato de ter se permitido não lavar a louça nas noites em que poderia cuidar melhor de si mesma.

PADRÕES COMUNS DE PENSAMENTO DISTORCIDO

Padrões distorcidos de pensamentos, também conhecidos como distorções cognitivas, afetam negativamente o modo como você encara o mundo. Eles interferem nos pensamentos claros e podem causar impacto em sua vida de maneira muito destrutiva. Alguns pensamentos distorcidos ocorrem comumente, sobretudo entre perfeccionistas.

Distorções cognitivas frequentes têm sido definidas por um grande número de pesquisadores, entre os quais Aaron T. Beck (o "pai da terapia cognitiva"), Albert Ellis (o "avô da terapia cognitiva") e David D. Burns. Também tenho reparado que algumas distorções cognitivas se repetem cada vez mais entre meus pacientes. Apresento a seguir alguns dos padrões mais conhecidos de pensamento negativo, acompanhados de exemplos e de alguns modos de reestruturá-los.

- **Pensamentos do tipo "ou tudo ou nada":** Você vê tudo pelos extremos: as coisas são boas ou más, não há meio-termo.
  Exemplo: Ao perceber que está na fila mais lenta do supermercado, seu comentário é: "Sempre escolho a fila errada."
  Diga a si mesma: "Que bom ter alguns minutos sem nada para fazer e ninguém para me incomodar. Acho que vou ler uma revista."

- **Generalização excessiva:** Quando acontece algo ruim, você conclui que é apenas um de uma série sem fim de acontecimentos infelizes na sua vida.
  Exemplo: Uma amiga faz algo que a magoa e você determina que não se pode confiar em ninguém.
  Diga a si mesma: "Só porque uma amiga diz algo que me magoa não significa que outras pessoas farão o mesmo. É provável que ela esteja tendo um dia ruim."

- **Filtro mental:** Você mantém o foco nos aspectos negativos de uma situação e ignora ou não leva em conta os pontos positivos.
  Exemplo: Na avaliação de desempenho, seu chefe diz nove coisas ótimas a seu respeito e uma negativa. Você ignora os elogios e se concentra na crítica.
  Diga a si mesma: "Nove entre dez significa um ponto a menos que a nota máxima, que ainda é muito bom. Fiz nove coisas muito bem e devo me dedicar mais a apenas uma."

- **Desqualificação do positivo:** Você se recusa a reconhecer suas próprias conquistas, preferindo ser excessivamente autocrítica.
  Exemplo: Alguém a elogia por fazer um excelente trabalho e você pensa ou até mesmo diz: "Qualquer um poderia ter feito isso" ou "Estão apenas sendo simpáticos".

Diga a si mesma: "É bom saber que os outros repararam no meu trabalho."

- **Tirar conclusões precipitadas:** Você prevê, seja interpretando o pensamento dos outros, seja por adivinhação, que as pessoas irão reagir de modo negativo ou que as coisas acabarão mal.
Exemplo: Você decide não ir a uma entrevista de emprego porque acredita que não tem os atributos necessários para a função.
Diga a si mesma: "Ainda que não consiga o emprego, vale a pena ir, porque será uma experiência valiosa que poderá me ajudar em entrevistas futuras."

- **Aumentar a dimensão dos problemas ou fazer tempestade em copo d'água:** Você exagera na importância de problemas relativamente pequenos (como seus erros), muitas vezes chegando ao absurdo.
Exemplo: "Estou com tosse... deve ser pneumonia."
Diga a si mesma: "Uma pessoa normal pega em média de oito a dez resfriados por ano. É muito mais provável que eu esteja resfriada, não com pneumonia."

- **Não reconhecer a real dimensão dos problemas ou subestimar as situações:** Você minimiza suas próprias conquistas ou a avaliação que alguém faz de você.
Exemplo: Seu chefe fica entusiasmado com seu desempenho em uma tarefa, mas você diz a si mesma que ele está apenas sendo gentil.
Diga a si mesma: "Chefes não fazem elogios se o funcionário não for bom. Ele deve estar sendo sincero."

- **Tomar decisões de modo emocional, em vez de racional:** Você acredita que seus sentimentos de baixa autoestima correspondem à maneira que as pessoas a veem.
Exemplo: "Sinto-me inferior. Por isso, não devo ser tão boa quanto os outros."
Diga a si mesma: "Todo mundo se sente inferior às vezes, por mais bem-sucedido que seja. Estou apenas com a autoestima em baixa, como acontece com qualquer um de vez em quando."

- **Fazer cobranças excessivas a si mesma:** Você usa frases improdutivas com "deveria" e "não deveria" para se criticar e se cobrar ou apontar defeitos em outras pessoas. O mesmo vale para "sempre", "nunca", "é preciso", "é imperativo".
  Exemplo: "Minha casa deveria estar sempre arrumada."
  Diga a si mesma: "Gosto que minha casa esteja arrumada, mas se não estiver, não tem problema. Há coisas piores do que uma casa bagunçada."

- **Atribuir rótulos equivocados a si mesma:** Você dá a si mesma rótulos inadequados, que são excessivamente simplistas ou por demais críticos.
  Exemplo: Enquanto faz dieta, você toma um sorvete enorme, mas depois diz: "Sou mesmo uma gorda relaxada."
  Diga a si mesma: "Puxa, esse sorvete estava realmente uma delícia. Não há nada de errado em cometer um exagero de vez em quando, contanto que eu mantenha uma alimentação saudável a maior parte do tempo. Vou acrescentar um quilômetro à minha caminhada amanhã para ajudar a queimar as calorias extras."

- **Colocar a culpa em si mesma ou em outra pessoa equivocadamente:** Você assume a responsabilidade por coisas que não são culpa sua. Ou culpa outras pessoas por situações ou fatos pelos quais não são responsáveis.
  Exemplo: Quando seu filho não se sai bem em uma prova, você acredita que a culpa é sua por não estar sendo uma boa mãe.
  Diga a si mesma: "Não seria ótimo se eu conseguisse controlar o desempenho de meu filho? A verdade é que há muitas razões para um aluno se sair mal em uma prova. Em vez de me culpar, vou acompanhar meu filho de perto para descobrir como conseguir ajuda extra."

- **Busca de aprovação:** Você acha que todas as pessoas importantes na sua vida devem amá-la e aprovar tudo o que faz. Por causa disso, você frequentemente compromete suas necessidades e seus desejos para ganhar a aprovação dos outros.
  Exemplo: Você opta por não comprar uma camiseta de que gosta porque imagina que sua mãe pode considerá-la muito decotada.

Diga a si mesma: "Gosto dela e acho que ficou bem em mim, portanto não vou ligar para o que minha mãe disser!"

- **Sentimento de superioridade moral:** Você acha que as pessoas devem sempre fazer o que você julga certo. Se não fizerem, estão erradas.
  Exemplo: Você dá um conselho à sua irmã e se irrita quando ela não o segue.
  Diga a si mesma: "Talvez ela tenha pedido conselho a várias pessoas e esteja analisando cada um deles antes de tomar uma decisão. Fico orgulhosa de ser uma dessas pessoas."

- **Pena de si mesma:** Mesmo em situações rotineiras, você assume o papel de vítima.
  Exemplo: Seu carro está na oficina e você interpreta esse fato como uma tragédia humana pessoal que desafia/testa sua capacidade de enfrentar uma situação adversa. Você não a aceita como parte normal da vida. Ao contrário, se torna vítima dela.
  Diga a si mesma: "Todo mundo tem problema com o carro algum dia e todos consideram isso um transtorno. É um inconveniente inevitável da vida moderna para qualquer um, não apenas para mim."

- **Reducionismo:** Você não consegue ver as causas complexas e os benefícios potenciais de uma experiência estressante porque a reduz a uma simples causa ou consequência.
  Exemplo: Você pega um resfriado e põe toda a culpa no contato que teve com seu sobrinho de 4 anos, também resfriado, sem considerar que sua imunidade pode ter baixado por causa do seu nível de estresse e das poucas horas de sono.
  Diga a si mesma: "Há muitas coisas que predispõem uma pessoa a pegar um resfriado. A exposição ao vírus é um dos fatores, mas é possível que meu sistema imunológico tenha sido afetado pelo estresse, pela falta de uma boa noite de sono ou por uma alimentação inadequada. Devo cuidar melhor de mim e não desperdiçar energia procurando um culpado."

- **Falácia da imparcialidade:** Você considera um fato negativo injusto quando não passa de um capricho do destino.

Exemplo: Apesar de manter um estilo de vida saudável, você cai doente e considera a doença extremamente injusta.
Diga a si mesma: "Muitas pessoas que adoecem não fizeram absolutamente nada errado. Coisas ruins também acontecem a pessoas boas. Embora eu mantenha hábitos saudáveis, eles não impedem a doença, mas me ajudarão a melhorar mais depressa e a aumentar minhas chances de uma recuperação completa."

- **Comparação:** Você costuma se comparar a outras pessoas, o que a deixa com a sensação de ser inferior ou superior. Essas comparações são baseadas em pouca informação ou em fatos isolados.
Exemplo: Você compara as fantasias caprichadas que sua vizinha fez em casa para os filhos pularem carnaval com as que comprou prontas para os seus, bem simples, e acredita que ela é uma mãe melhor e mais criativa que você.
Diga a si mesma: "Bem, ela é mais criativa. E daí? Ela faz algumas coisas melhor do que eu. Eu faço outras melhor do que ela. Todo mundo tem pontos fortes e fracos."

Pare!

A interrupção do pensamento é um excelente modo de deter ideias prejudiciais que, sem convite, invadem sua cabeça. Quando você se pegar com um pensamento automático negativo, visualize imediatamente uma enorme placa vermelha em que está escrito "pare". Esvazie a mente, respire fundo e se pergunte: o que está acontecendo? O que está me deixando tão ansiosa? O que é real e o que é temor? Depois, faça uma escolha deliberada para reformular o pensamento e, se necessário, modificar a ação que ele está motivando. Você consegue frear autopensamentos prejudiciais quando *para, respira, reflete e escolhe.*

Técnicas de reestruturação cognitiva oferecem um meio poderoso para modificar seus padrões de pensamento destrutivo. No próximo capítulo apresentarei uma gama de outras técnicas bastante úteis para ajudá-la a domar o monstro da perfeição.

CAPÍTULO 4

Como domar a fera

A reestruturação cognitiva que abordamos no capítulo anterior é apenas uma das muitas técnicas mente-corpo incrivelmente eficazes e disponíveis para seu uso. Neste capítulo apresentarei outros recursos e técnicas que poderão ajudá-la a sentir-se mais feliz e amenizar o estresse, a ansiedade, a tristeza e a culpa. Elas são valiosas para todas as pessoas, mas são particularmente úteis para perfeccionistas, que tendem a sentir o estresse com mais intensidade e a colocar suas próprias necessidades em último lugar.

Relaxe, não vai doer nada: A reação de relaxamento

Você provavelmente já ouviu falar na reação de "luta ou fuga". Quando enfrenta um perigo, seu corpo a prepara para ficar e lutar ou fugir aumentando sua produção de adrenalina e outros hormônios que a ajudarão a ficar mais alerta. Durante a reação de luta ou fuga, seu ritmo cardíaco, a tensão muscular e a frequência respiratória aumentam e a pressão arterial sobe.

A "reação de relaxamento" é o oposto da reação de luta ou fuga. É a capacidade inata do seu corpo de se acalmar. Quando ele experimenta a reação de relaxamento, há uma redução mensurável no ritmo cardíaco, na pressão arterial, na frequência respiratória, no consumo de oxigênio, nos níveis do hormônio do estresse e na tensão muscular.

Você pode trazer à tona a reação de relaxamento ao praticar qualquer uma das inúmeras técnicas de relaxamento, incluindo meditação, ioga, visualização e outros métodos que descreverei mais adiante neste capítulo. Permitir que a reação de relaxamento venha à tona interrompe a reação física e emocional do corpo ao estresse, deixando que ele retorne a um estado calmo e relaxado.

Ao longo dos anos, ensinei a milhares de pacientes como liberar a reação de relaxamento. Elas a usaram para encontrar alívio para o estresse causado por infertilidade, câncer, doença cardíaca, depressão e outras enfermidades. Trazer à tona a reação de relaxamento regularmente ajuda a amenizar os sintomas de muitos problemas de saúde, entre os quais insônia, dor crônica, hipertensão, efeitos colaterais de tratamentos contra câncer, ondas de calor, síndrome do intestino irritável, enxaqueca, distúrbios de ansiedade, TPM e distúrbios alimentares.

Trazer à tona a reação de relaxamento conduz a maioria das pessoas a uma sensação de bem-estar imediata. Mas também há um benefício de longo prazo. As pessoas que consistentemente permitem que a reação de relaxamento seja liberada por 10 ou 20 minutos duas vezes por dia, no período de duas a seis semanas, começam a perceber um efeito de "continuidade", passando a sentir-se melhor – e a ter mais controle sobre suas vidas – ao longo de todo o dia, não apenas após uma sessão.

Você pode trazer à tona a reação de relaxamento de vários modos, até com meditação, ioga, mentalização, respiração profunda, oração repetitiva, investigação do corpo, relaxamento muscular progressivo e visualização. Não importa o método escolhido, embora seja válido mencionar que muitas atividades consideradas relaxantes, tais como ler um livro ou assistir à televisão, não desencadeiam a reação de relaxamento.

Não pensar em nada: Meditação

Meditação é o processo em que se liberam os pensamentos e volta-se a atenção para o seu íntimo. As pessoas que a praticam regularmente acreditam que ela pode aumentar a sensação de paz interior. É um modo excelente de trazer à tona a reação de relaxamento.

O princípio básico da meditação é simples: você vai para um lugar tranquilo, esvazia a mente e se concentra em uma única coisa, sua respiração ou um mantra, por exemplo. A meditação funciona bem para pessoas que conseguem relaxar a mente sem problema, mas não desista se sua mente estiver sempre agitada: meditar pode ser o único modo de relaxá-la. Tente praticar várias vezes e talvez você descubra um excelente recurso.

Uma gravação com a voz do instrutor pode orientá-la ao longo de uma sessão de meditação, que pode ser realizada em um centro especializado, hospital ou centro educacional comunitário. Você pode também meditar por conta própria, usando os seguintes princípios:

COMO MEDITAR

- Encontre um lugar silencioso e tranquilo. Certifique-se de que o telefone esteja desligado, a porta fechada e que seus filhos ou animais de estimação estejam em outro cômodo.
- Sente-se em local confortável – recomendo não se deitar para que não adormeça. Pode ser em uma cadeira, no chão com uma almofada contra a parede, ou na cama com um travesseiro nas costas.
- Escolha um mantra (uma palavra ou frase) para sua meditação. Ou, se preferir, concentre-se na sua respiração. Se optar por um mantra, escolha um que faça sentido para você, como "amor e paz", "Deus cura", ou "shalom".
- Comece com o número 10 e conte até 0, um número para cada vez que inspirar. Repare que sua respiração pode ficar mais lenta à medida que você faz a contagem regressiva.
- Quando inspirar, comece a se concentrar no seu mantra. Continue concentrada enquanto expira. Inspire pelo nariz e expire pela boca, caso sinta-se à vontade.
- Se sua atenção se dispersar, traga-a suavemente de volta às palavras nas quais você está concentrada. Se pensamentos ou sen-

sações se intrometerem na sua prática, acolha-os com tranquilidade – não os afaste – e volte a focar em sua respiração. Não fique frustrada nem impaciente se tiver dificuldade de esvaziar a mente. É normal que os pensamentos venham e voltem. Apenas perceba que sua mente divagou, ignore os pensamentos e volte para aquilo em que estava concentrada. Lembre-se: a meditação é uma habilidade que melhora com a prática.

- Pouco a pouco diminua o ritmo de sua respiração, fazendo uma pausa de alguns segundos após inspirar e de novo após expirar.
- Quando seu tempo de meditação estiver quase acabando (um mínimo de 10 a 20 minutos funciona bem), permaneça consciente de sua respiração, mas comece a se inteirar de onde se encontra, dos sons ao seu redor e de onde está sentada. Quando sentir-se pronta, abra os olhos, olhe para baixo durante alguns minutos e então se levante devagar. Se você mesma estiver conduzindo o relaxamento (isto é, sem orientação de uma voz gravada), não use um timer. Sente-se de frente para um relógio e, quando achar que acabou o tempo, abra os olhos. Se o tempo ainda não estiver esgotado, feche os olhos novamente e volte àquilo em que estava concentrada. Se o tempo tiver acabado, levante-se devagar.

Conseguir um relaxamento profundo pode requerer alguma prática – é difícil para algumas pessoas se desligar –, mas é uma habilidade que vale a pena aprender, especialmente se você for uma perfeccionista estressada. Não se preocupe em fazê-lo com perfeição – você se beneficia mesmo que consiga esvaziar a mente por apenas alguns minutos a cada vez.

Há algumas medidas práticas que você pode usar para que sua meditação seja mais proveitosa:

- Escolha o mesmo lugar todos os dias. Se definir um lugar para a meditação, você começará a relaxar automaticamente ao sentar-se nele.

- Escolha a mesma hora do dia, porque isso ajuda a tornar a tarefa um hábito.
- Associe a meditação a um exercício. Se você se exercitar com regularidade, tente provocar a reação de relaxamento imediatamente após uma sessão de exercícios: assim, a sensação de relaxamento profundo deve surgir com mais facilidade.
- Não deixe que o estômago a distraia. Tente não trazer à tona a reação de relaxamento quando estiver com muita fome ou tiver comido demais.
- Tenha como objetivo meditar duas vezes por dia. Duas sessões diárias de 20 minutos são o ideal, mas sei que nem todos dispõem desse tempo livre. Se não tiver 20 minutos, tente se concentrar na sua respiração nem que seja por cinco minutos. A única reação de relaxamento "ruim" é a que não vem à tona.

Uma coisa para ter em mente: Concentração

Concentração é um dos maiores presentes que você pode dar a si mesma. Passamos tanto tempo planejando o futuro ou nos preocupando com ele e lamentando o passado que muitas vezes nos esquecemos de apreciar o presente. A concentração permite que você aprenda a viver aqui e agora, não no passado ou no futuro. Você pode se concentrar a qualquer hora: enquanto está comendo, caminhando, cozinhando, limpando, fazendo sexo, dirigindo, etc.

Para praticar a concentração viva, reserve alguns momentos de cada dia para conscientemente fazer uma pausa e pensar a fundo no que está acontecendo naquele instante. Alguns momentos são bons para isso, por exemplo enquanto espera pelo ônibus para ir trabalhar, antes de cada refeição, quando chega ao trabalho ou vai embora, ou ainda ao amamentar seu bebê. Respire algumas vezes e se concentre. Repare no que acontece ao redor. Use todos os sentidos. Dessa maneira, você começa a criar o hábito de avaliar o que está acontecendo no presente.

Pratique suas habilidades de concentração na próxima vez que comer em um bom restaurante. Direcione sua atenção para o cheiro delicioso da comida, a decoração elegante, o sabor do vinho, as vozes das pessoas satisfeitas ao seu redor, a sensação da mão de seu parceiro sobre a sua. Você pode fazer qualquer coisa se estiver concentrada.

Ainda que você esteja passando por uma experiência difícil, a concentração lhe permite desfrutar o que é bom e colocar o sofrimento em perspectiva. Uma amiga com câncer achou que a concentração a ajudou a suportar o tratamento. Várias vezes por dia, mesmo quando a quimioterapia a deixava nauseada e exausta, ela parava, refletia e agradecia. "Eu me sinto péssima", dizia a si mesma, "mas estou viva".

Uma boa caminhada é um modo excepcional de praticar a concentração. Para caminhar com concentração, saia de casa e ande devagar, experimentando por completo a sensação de dar um passo de cada vez. Enquanto caminha, deixe que seus sentidos assumam o controle. Sinta o cheiro da grama e das árvores, repare nas casas pelas quais passa e nas pessoas que vê, ouça o trinado dos pássaros, o latido dos cachorros, o motor das máquinas de cortar grama. Se caminhar pela cidade, preste atenção aos sons de carros e ônibus, ao aroma que sai dos restaurantes e aos rostos das pessoas que vê. Tente estar presente. Quando outros pensamentos invadirem sua mente, reconheça-os e depois os libere ao mesmo tempo que volta ao presente. Após caminhar, tente carregar consigo essa concentração pelo resto do dia.

Relaxe o corpo e a mente: Pratique ioga

Muitas de nossas entrevistadas afirmam que a ioga é um barco salva-vidas que as socorre em momentos tempestuosos e estressantes. Costumo recomendar a Hatha ioga, porque é suave, induz à meditação e relaxa, mas algumas pessoas preferem estilos de ioga mais atléticos e vigorosos. Se tiver dado uma chance à ioga, mas não se sentiu entusiasmada, tente um outro estilo ou mude de instrutor, porque as abordagens podem variar. Alguns se voltam para o aspecto físico da ioga; outros, para o meditativo.

Uma rotina diária de ioga pode alongar e relaxar os músculos, reduzir a fadiga e o estresse e proporcionar uma sensação de tranquilidade. Antes de se deitar, posições de meditação suaves e técnicas de respiração podem ajudá-la a deixar de lado os problemas do dia e a adormecer – não esqueça que posições vigorosas de ioga podem ser estimulantes e não devem ser praticadas na hora de dormir. A ioga acalma a mente e suaviza o corpo, restabelecendo o equilíbrio entre eles.

Férias mentais: Visualização

A visualização é uma técnica de fácil aprendizado para perfeccionistas porque a maioria já a pratica, porém o faz de modo nocivo. Se alguma vez já ficou acordada durante a noite imaginando as coisas horríveis que poderiam acontecer a você, à sua família ou aos seus amigos – se consegue fechar os olhos e *visualizar* sua ginecologista dizendo que encontrou um enorme tumor na sua mamografia –, então você sabe bem sobre o que estou falando. O mais provável é que você não esteja usando a visualização a seu favor, enquanto imagina que seu chefe está aos gritos, sua saúde se deteriorando, seus filhos machucados, ou que uma árvore caiu em cima de sua casa e a deixou em pedaços.

O sistema de reação ao estresse de seu corpo responde a uma tragédia, seja ela real ou imaginária. Se você criar a imagem mental de um maníaco raptando sua filha, a reação física de seu corpo será muito real e bastante dramática, embora o fato esteja ocorrendo apenas na sua mente. Imaginar é suficiente para causar ansiedade, desencadear uma liberação de hormônios do estresse e aumentar sua tensão muscular, a frequência cardíaca e a pressão arterial. Felizmente, o contrário também é válido. Se você visualizar o positivo, seu sistema de reação ao estresse se acalmará. Imaginar paz e tranquilidade pode de fato fazê-las acontecer.

A visualização também pode aumentar suas chances de sucesso no desempenho físico: atletas visualizam suas técnicas como forma de aperfeiçoá-las. Antes de competir, jogadores de golfe visualizam a tacada perfeita; judocas, o golpe perfeito; jogadores de futebol, o chute e a cabeçada certeiros. É uma prática mental: visualizar o desempenho excelente pode de fato aprimorar o desempenho, porém tome cuidado para que a *visualização* da perfeição não a deixe na *expectativa* da perfeição. Lembro que há alguns anos minhas colegas de trabalho e eu promovemos um seminário sobre administração de estresse em uma escola particular. Falamos aos alunos sobre visualização, que logo lhes causou grande impacto: em uma importante partida de tênis, seu principal jogador estava jogando mal. Durante um intervalo ele foi para a lateral da quadra, fechou os olhos e visualizou sua própria imagem jogando bem. Assim que acabou o intervalo, correu para a quadra, jogou muito bem e ganhou a partida.

Perfeccionistas podem usar a visualização como ferramenta para administrar situações difíceis. Quando estiver em uma situação de possível fracasso, visualize-a acontecendo para que possa preparar sua reação. Enquanto espera o resultado de um exame médico, visualize o que fará caso o diagnóstico seja desfavorável. Para quem você ligará em busca de apoio? O que espera especificamente dessa pessoa? O que fará no período de uma ou duas horas após receber o resultado? Se o resultado for bom, a quem contará, ou como pretende comemorar?

COMO VISUALIZAR

- Encontre um lugar tranquilo e confortável, onde não será incomodada.
- Feche os olhos e respire fundo duas vezes.
- Imagine-se em um de seus lugares favoritos – deitada na praia, andando por uma trilha na montanha, ou boiando em uma piscina em um lindo dia de verão.
- Crie imagens mentais de tudo o que você veria, tocaria, ouviria, sentiria e degustaria nesse lugar preferido. Perceba as imagens e os sons.

- Imagine-se relaxando nesse lugar especial.
- Tente esvaziar sua mente.
- Após aproveitar por alguns minutos essa visualização, respire fundo duas vezes e abra os olhos devagar. Você talvez ache que está surpreendentemente relaxada e revigorada com essas "férias mentais".
- Não fique desapontada se não conseguir visualizar perfeitamente na primeira tentativa. É necessário praticar.

Pequenos intervalos: Minirrelaxamentos

Exercícios de minirrelaxamento são técnicas de respiração bem direcionadas que ajudam a reduzir imediatamente a ansiedade e a tensão. Você pode fazê-los com os olhos abertos ou fechados. Pode fazê-los em qualquer lugar, a qualquer hora; ninguém saberá que você os está fazendo.

COMO FAZER MINIRRELAXAMENTOS

Respire fundo. Esse tipo de respiração é chamada diafragmática. Se tiver dificuldade, tente inspirar pelo nariz e expirar pela boca. Você deve sentir o estômago se elevar mais ou menos dois centímetros quando inspirar e abaixar esse mesmo tanto ao expirar. Se continuar difícil, deite de costas ou de barriga – assim será mais fácil ficar atenta ao seu padrão de respiração. Lembre-se, é impossível fazer a respiração diafragmática com a barriga retesada. Portanto, relaxe os músculos da barriga.

Versão 1

Faça uma contagem regressiva lenta e mental, de 10 a 0, um número a cada respiração. Na primeira respiração diafragmática, diga "10" para si mesma; na seguinte, diga "9", e assim por diante. Se começar a ficar tonta, reduza o ritmo da contagem. Quando chegar a "0", perceba como se sente. Se estiver melhor, ótimo! Se não, tente mais uma vez.

Versão 2

Quando inspirar, conte lentamente de 1 a 4; quando expirar, conte de 4 a 1. Ao inspirar, diga "1, 2, 3, 4". Ao expirar, diga "4, 3, 2, 1". Repita várias vezes.

Versão 3

Inspire. Faça uma pausa de alguns segundos. Em seguida expire e repita a pausa por alguns segundos. Faça o mesmo em várias respirações.

BONS MOMENTOS PARA FAZER UM MINIRRELAXAMENTO

Você pode fazer um minirrelaxamento a qualquer hora, em qualquer lugar. Eles só *não* funcionam quando você não os faz. Veja algumas oportunidades para praticá-los:

- Enquanto estiver presa no trânsito.
- Quando a deixarem pendurada na linha durante um telefonema importante.
- Quando estiver na sala de espera de um médico ou pouco antes de se submeter a um exame ou procedimento médico.
- Na cadeira do dentista.
- Quando se sentir sobrecarregada pela quantidade de coisas que precisa fazer no futuro próximo.
- Enquanto espera em uma fila.
- Quando sentir dor.
- Quando estiver a ponto de explodir com seus filhos.
- No fim do dia, imediatamente antes de buscar as crianças na escola ou na creche.

Cuide-se bem: Dê carinho e atenção a si mesma

Damos carinho e atenção a tantas pessoas em nossa família, em nossos locais de trabalho e a amigos, mas muitas vezes nos esquecemos de cuidar bem de nós mesmas. Nós nos colocamos sempre no fim da fila e, consequentemente, grande parte de nossas necessidades emocionais, criativas e espirituais acaba não sendo satisfeita. A ironia é que, quando não recebemos carinho e atenção, nos sentimos estressadas e ansiosas e temos uma capacidade muito menor de nos preocupar com os outros.

Cuidar de si mesma não é ser egoísta. É uma habilidade essencial que pode contribuir para a sua felicidade e satisfação geral com a vida. Até mesmo alguns minutos prestando atenção a si mesma fazem diferença. Você não precisa ir para um spa para cuidar de si. Tente passar uma hora por dia fazendo uma atividade que lhe agrade – ouvindo música, desenhando, falando ao telefone com uma amiga, ou apenas se aninhando em um sofá aconchegante ou deitando-se em uma banheira de água quente.

Mantenha um diário

Anotar seus pensamentos, experiências, preocupações, temores e êxitos pode ser uma atividade incrivelmente terapêutica. Manter um diário diminui a dor de experiências traumáticas, ajuda a colocar acontecimentos negativos em perspectiva e oferece um modo eficaz de pensar sobre conflitos e decisões. Registrar seus pensamentos por escrito é também uma excelente oportunidade para fazer exercícios de reestruturação cognitiva e praticar a gratidão ativa, que descreverei mais adiante neste capítulo.

James Pennebaker, pesquisador da Universidade do Texas, em Austin, conduziu extensa pesquisa sobre os benefícios de fazer anotações sobre problemas emocionais. Ele e outros cientistas descobriram que registrar tópicos perturbadores em um diário pode estimular a função imune, evitar doenças, aliviar a dor, melhorar o humor e reduzir a depressão e a ansiedade. Por exemplo, pacientes com asma e artrite reumatoide que escreveram sobre os fatos mais estressantes de suas vidas experimentaram melhoras mensuráveis em sua saúde. Após quatro meses, 47% perceberam uma redução nos sintomas; os que tinham artrite sentiram menos dor e quem sofria de asma teve a capacidade pulmonar aumentada. Em pacientes portadores de HIV, registrar pensamentos por escrito reduziu a contagem de linfócitos e a carga viral.

No diário, você pode explorar seus sentimentos perfeccionistas de maneira segura. Pergunte-se por que espera alcançar a perfeição, de onde vem essa expectativa e que mensagens passam pela sua cabeça quando se critica ou insiste em pensar em seus erros e fracassos. Você pode falar consigo mesma em seu diário e perguntar-se por que não se trata com o mesmo amor e compaixão que oferece aos outros. Nele, você também pode dar a si mesma, por exemplo, a permissão para cometer erros e ser imperfeita.

Manter um diário pode ajudá-la a entender por que determinada situação lhe causa estresse. Mesmo quando você não consegue resolver um problema, percebê-lo com mais clareza e saber por que ele a está perturbando pode ajudar bastante a remover seu poder destrutivo.

Uma de minhas pacientes, casada com um homem muito difícil, está entusiasmada com o impacto do diário em sua vida. Quando essa paciente foi ao meu consultório pela primeira vez, contou que os acessos de raiva do marido e seus xingamentos a faziam sentir-se uma esposa e mãe incompetente. Sugeri que escrevesse no diário sempre que o marido a menosprezasse. Ela seguiu minha recomendação e, em poucas semanas, começou a perceber um padrão muito consistente. As anotações em seu diário mostraram que em quase todos os casos as queixas do marido refletiam uma profunda frustração com a própria vida, que ele projetava nela. Quando estava contrariado consigo mesmo, ele a criticava. O diário deu a ela clareza para entender que o problema entre eles não se referia à competência dela, mas à insatisfação dele. Tão logo percebeu isso, ela parou de se culpar por seus conflitos. Ela ainda tem tido dificuldades no casamento, mas continua a achar que manter um diário torna mais fácil suportá-las.

Enquanto escreve em seu diário, anote os pensamentos negativos automáticos que você tem de si mesma, o que pode ser chocante e constrangedor. Quando você os escreve, eles parecem bem menos lógicos do que quando pensa neles. Registrá-los em um diário é um primeiro passo enorme rumo à reformulação desses pensamentos de modo mais positivo e construtivo.

Quando mantém um diário, se beneficia não apenas do processo de escrita, mas também do de releitura. Às vezes, ao reler as anotações de seu diário, você tem uma percepção sobre algo que se torna claro como cristal.

Gratidão ativa

A gratidão é uma emoção poderosa que pode ter um impacto significativo na saúde das pessoas. Quando você começar a registrar por escrito aquilo pelo que é grata – não apenas as grandes coisas, mas também as pequenas bênçãos diárias –, é provável que comece a se sentir mais feliz, menos deprimida e menos ansiosa.

Uma das melhores maneiras de praticar essa sensação intensa é manter um diário de gratidão. Todas as noites, antes de deitar, faça uma lista das coisas do seu dia pelas quais sente-se grata. É uma tarefa simples e leva poucos minutos. Quando refletir sobre seu dia, você ficará surpresa ao perceber quanta coisa há para agradecer.

Robert A. Emmons, pesquisador da Universidade da Califórnia, em Davis, conduziu uma pesquisa minuciosa a respeito da gratidão. Em seus estudos, ele e seus colegas pediram aos participantes que escrevessem em seus diários de gratidão todos os dias ou uma vez por semana. Ele descobriu que quem mantinha esse diário:

- Exercitava-se com mais regularidade, relatava menos sintomas físicos, sentia-se melhor com sua vida como um todo e era mais otimista com relação à semana seguinte.
- Tinha mais probabilidade de progredir rumo a metas pessoais.
- Relatava níveis mais altos dos estados positivos de atenção, entusiasmo, determinação, concentração e energia.

Praticar a gratidão nos ajuda a perceber como nossa vida é completa e nos permite colocar experiências negativas em perspectiva. As pessoas perfeccionistas acham que praticar a gratidão direciona a sua atenção para o que elas *de fato* têm e *podem* fazer e não para o que elas *não* têm e *não* podem fazer.

Tente escrever no diário de gratidão todas as noites durante uma semana ou duas e avalie como se sente. Ao fim da semana, releia suas anotações. Acho que você se surpreenderá com a utilidade dessa técnica tão simples.

Você consegue: Afirmações

As afirmações são uma estratégia cognitiva eficaz, uma simples declaração que a pessoa repete para si mesma até acreditar nela. Quando pensar em frases como "Não vou conseguir fazer isso", "Vou fracassar" ou "Vou ficar com cara de idiota", troque-as por afirmações: "Farei o melhor que puder", "Isso é um processo de aprendizado" ou "Ninguém está me julgando". Antes de falar em público, algumas pessoas se concentram em uma afirmação do tipo "Sei muito mais sobre esse assunto que qualquer um na plateia".

Escolha uma ou duas afirmações que soem verdadeiras. Escreva-as, cole-as em um espelho, coloque-as como descanso de tela. A ideia é usar a afirmação para afastar de vez o pensamento antigo negativo (e prejudicial).

Humor: Rir faz bem

No Capítulo 3 falei sobre a principal premissa da medicina mente-corpo: o que você *pensa* afeta o modo como você *se sente*. Se estiver estressada e deprimida, por exemplo, seu sistema imunológico sofrerá um impacto negativo. Assim, faz sentido dizer que se você está despreocupada, alegre e estimulada, o impacto sobre seu sistema imunológico será positivo. Por isso o humor é uma ferramenta tão importante para suportar adversidades. Não foi à toa que alguém, muito tempo atrás, criou o ditado "Rir é o melhor remédio". Não é preciso que um médico nos diga que rir faz muito bem.

Quando rimos de algo engraçado, damos início a uma sequência de fatos benéficos para o corpo. Os níveis dos hormônios de estresse caem, os músculos relaxam, o sistema imunológico é estimulado e aumentam os níveis de imunoglobulina A, que combate os vírus. Os linfócitos, que destroem células tumorais, aumentam e o mesmo acontece com outras substâncias do sistema imunológico. O humor também ajuda a reduzir a dor e distrai as pessoas de situações aflitivas.

É possível tirar proveito do potencial que o humor tem de melhorar a saúde. O melhor modo é reagir a circunstâncias estressantes achando graça delas em vez de se deixar abater. Se, na metade do dia, você percebe que foi trabalhar com sapatos pretos e meia-calça azul, poderia ficar transtornada, se sentir uma idiota e ficar angustiada por achar que seus colegas poderiam menosprezá-la por cometer erro tão imbecil. Ou pode reagir com humor, dando boas risadas com os outros por ter cometido tamanho engano e falando sobre situações ridículas que poderiam seguir-se a essa – por exemplo, salto alto com meia soquete no dia seguinte.

Descobrir humor no dia a dia ajuda você a manter a cabeça longe de reações negativas que podem fazê-la se sentir mal e, com o tempo, enfraquecer a capacidade do seu corpo de combater doenças. Incentivar o humor na sua vida pode ajudá-la a se tornar mais saudável nos aspectos físico e psicológico. Veja algumas maneiras de chegar a isso:

- Passe algum tempo com pessoas divertidas, aquelas que fazem todo mundo rir. Procure-as e faça amizade com elas.
- Assista a comédias no cinema e programas humorísticos na televisão.
- Prefira divertir-se em espetáculos que mostrem humor, não tragédia.
- Sempre que possível, amenize as situações estressantes com riso. Se estiver tendo um ataque de perfeccionismo, faça piada de si mesma. Algumas das coisas que as perfeccionistas fazem são muito engraçadas.

O bom de todas essas técnicas é que se pode basicamente selecionar as que funcionam para cada pessoa – não existe uma única técnica que funcione para todo mundo. Você pode descobrir, por exemplo, que uma em específico pode ajudá-la quando sentir-se angustiada, ao passo que outra é mais eficaz nos momentos de raiva. Recomendo às minhas pacientes que considerem essas técnicas um recurso valioso para enfrentar situações adversas. Sempre que se sentir irritada, angustiada ou infeliz, repasse mentalmente qual das técnicas pode ser útil para fazê-la voltar ao seu estado normal e saudável, ou pelo menos levá-la até mais perto desse objetivo.

No mundo real

Agora que já apresentei as técnicas, mostrarei o que elas podem fazer por você. Nos capítulos seguintes falarei mais sobre como usar esses recursos que ajudam a enfrentar situações adversas e a melhorar sua vida, enriquecer seus relacionamentos e fazê-la sentir-se mais feliz e satisfeita. Primeiro, no entanto, quero partilhar alguns conselhos e sugestões excelentes que as entrevistadas para este livro nos deram quando lhes perguntamos como relaxam e enfrentam o estresse:

> *Meu diário é meu santuário: escrevo tudo nele. Explico em detalhes por que estou estressada, de uma maneira que nem sempre tenho vontade de partilhar com outras pessoas. Reclamo de questões que sei que consigo controlar, me queixo, me irrito, me lamento, sou detestável e lamurienta, esperta e frívola. Sou tudo o que quero ser e mais um pouco, e isso me faz bem.*
>
> *Stephanie*

> *Faço massagens duas ou três vezes por mês. Quando recebemos massagens regularmente, nosso corpo logo entra em um estado de relaxamento que é muito rejuvenescedor.*
>
> *Nancy*

Gosto de tomar banho quente na banheira. Também toco piano. Às vezes, para me acalmar, me visualizo praticando mergulho.

Lisa

Mantenho um blog. É uma boa saída, embora eu tente não me queixar ou discutir muito sobre os tópicos. Tento capturar momentos especiais ou engraçados de minha vida. Para mim, o blog também é uma ferramenta na qual consigo ter controle total do conteúdo e da forma.

Nancy

No fim do dia, fico numa postura de ioga de 10 a 30 minutos, concentrada na respiração e em liberar a tensão, que carrego na parte superior das costas. Também pratico ioga baseada na mentalização, com meu filho adolescente. No início acho que ele concordou em tentá-la apenas para evitar fazer a lição de casa, mas agora ele gosta, porque a ioga o ajuda a dormir melhor.

Jessica

A cada dois dias corro ou faço uma aula de ginástica localizada na academia do meu bairro. Fazemos muito alongamento, o que me ajuda a ficar menos tensa. Fiz ioga e Pilates, mas não me saí muito bem, porque fico tão preocupada em seguir todas aquelas instruções que não consigo relaxar. Correr para mim é infinitamente mais relaxante.

Susan

Faço muita caminhada. É uma oportunidade que tenho de meditar. Caminho depressa, mas não fico sem fôlego. Caminho com meu cachorro e gosto de ouvir apenas a brisa, ou um trem passando ao longe. Para mim isso é muito mais relaxante que caminhar ouvindo música. Se estiver tentando encontrar ideias para o trabalho, calço rapidamente meus tênis e boto a cabeça para funcionar enquanto caminho. Muitas vezes tenho uma inspiração, ainda que não esteja pensando em nada. Caminhar faz bem ao consciente e também ao inconsciente.

Donna

Encontrei uma terapeuta competente e respeitada com quem poderia me abrir e falar com franqueza. Vou ao seu consultório poucas vezes por ano, mas ela é uma excelente caixa de ressonância para mim. Ela me ajuda a pôr meus sentimentos em ordem e sempre reduz minha ansiedade.

Cynthia

Faço aulas de pintura em um centro de arte perto de onde moro. A primeira aula foi sobre paisagem e natureza-morta, mas não funcionou muito bem para mim como perfeccionista, porque ela se concentrou em como fazer as coisas do jeito certo, preciso. Não era isso que eu queria. Queria brincar com as tintas. Agora estou fazendo um curso fantástico que incorpora colagem, papel, cera e técnicas experimentais com tinta. Tem muito a ver com exploração. Você não tenta fazer a pintura se parecer com coisa alguma, trata-se apenas de transmitir o que se quer expressar.

Melissa

Acho palavras cruzadas uma distração incrível, principalmente antes de dormir. Imagino que o foco e a solução de problemas em pequena escala estimulam uma parte do cérebro diferente daquela que se preocupa e se atormenta.

Anna

Quando estou dirigindo, às vezes mudo da estação que está transmitindo o noticiário e começo a ouvir música clássica. Há ocasiões em que estou atordoada e digo a mim mesma: "Você não precisa se manter atualizada com todas as notícias."

Elizabeth

CAPÍTULO 5

Celebre sua beleza, não suas imperfeições

Nunca fui gorda quando adolescente. Já minha irmã, três anos mais velha, era do tipo cheinha e pesava mais do que nossa mãe gostaria. Nossa mãe queria colocá-la nos eixos para que não se tornasse uma adolescente obesa. Para me disciplinar, eu assimilava tudo o que ela dizia e fazia para minha irmã. Meu distúrbio alimentar começou quando entrei na puberdade.

Eu tinha todos os sintomas clássicos de anorexia: me pesava o tempo todo, adotei uma dieta severa, cortava os alimentos em pedacinhos. Ouvia todas as dicas de dieta que minha irmã e minha mãe colocavam em prática e as seguia ao pé da letra. Meu peso caiu de 51 quilos para pouco mais de 40. A sensação de controlar o apetite me agradava. Tenho tendência a querer exercer controle, a manter ordem sobre tudo.

Foi uma época estranha. Era o fim da década de 1970 e a magreza exagerada estava na moda. Quanto mais peso eu perdia, mais as pessoas me incentivavam a emagrecer. Não sei se meus pais perceberam que eu tinha enveredado por um caminho perigoso. Eu mesma acabei notando isso e mudei meu comportamento dois anos depois. Agora, acho que estou bem saudável, não faço dieta desde a adolescência. Não tenho balança em casa, mas continuo muito consciente do meu peso.

Quando engravidei, me preocupava muito mais com estrias do que com excesso de peso. Na minha primeira gravidez engordei apenas 11 quilos, mas fiquei com marcas horríveis de estrias. Na segunda, engordei menos – quando comecei a ganhar peso, passei a controlar a alimentação. Não coloquei o bebê em risco, mas me controlei. Na segunda gravidez, engordei apenas nove quilos.

Depois que minhas filhas nasceram, logo recuperei meu peso anterior, embora ainda tenha estrias. Eu gostava da minha barriga, mas agora não gosto mais. Tento me aceitar e reagir com humor quando minha camiseta sobe e as estrias aparecem.

Quando tenho tempo para fazer exercícios ou praticar ioga, fico satisfeita com meu corpo. Quando estou me exercitando, me sentindo forte e gostando de minha saúde e do que meu corpo consegue fazer, paro de me preocupar com veias salientes e pelos indesejáveis. Acho que cheguei a um bom acordo com ele nos anos mais maduros e sábios da meia-idade.

Por ter meninas, tento moderar meu perfeccionismo, embora nem sempre seja fácil. Quero ser boa para elas e para mim mesma. Espero estar incentivando minhas filhas a ter uma autoimagem muito saudável.

Elizabeth

Há alguns anos, fiz uma palestra em um evento copatrocinado pela "Campanha pela real beleza" da Dove – é provável que você se lembre dos anúncios da campanha, que mostravam fotos de corpo inteiro de cinco ou seis mulheres comuns, de manequins variados, vestindo apenas calcinha e sutiã. Não eram modelos, mas mulheres reais com quadris arredondados, coxas grossas e barriga flácida. Durante o evento, a Dove instalou dezenas de espelhos enormes e convidou as mulheres que estavam participando a se olhar e usar canetas pretas de ponta grossa para escrever algo bonito que tivessem visto no seu reflexo. Depois caminhei entre os espelhos cobertos de mensagens e adorei o que vi: centenas de comentários sobre olhos bonitos, cabelos fantásticos, corpos fortes, lábios e seios sensuais, todas de mulheres reais com beleza "normal". Eram comentários totalmente opostos aos que as mulheres em geral fazem de si mesmas quando se olham no espelho.

O que mais gostei nessa atividade foi que ela incentivava as mulheres a se examinar e, talvez pela primeira vez, buscar e celebrar a beleza, não as imperfeições.

Quando a Dove lançou o anúncio de sua campanha pela real beleza, ela virou manchete. O que estava sendo divulgado não era uma campanha que mostrava mulheres de roupa íntima para vender produtos – isso acontece o tempo todo. O que chamava atenção era o fato de as mulheres nos anúncios não serem modelos. Os anúncios "desencadearam um furor na mídia", de acordo com um artigo no *Women's Wear Daily*, uma publicação especializada em moda. Qual o grau de confusão de uma sociedade em que é considerado normal mulheres de 1,80 metro e 53 quilos circularem, com andar empertigado e usando roupas íntimas (e asas!), em um desfile de lingerie transmitido pela televisão, mas um anúncio que mostre fotos de mulheres do dia a dia cause alvoroço?

Imagens por todo lado

Vivemos em um mundo obcecado pela perfeição física. Capas de revistas, filmes, programas de televisão e catálogos mostram o tempo inteiro imagens de mulheres fantásticas. A mensagem que elas transmitem é que a perfeição física deveria ser o objetivo de todas e que, se você não é perfeita, deve fazer o possível para corrigir suas imperfeições. Se você não parece modelo de passarela, como as mulheres das fotos, então mãos à obra: passe fome, malhe até seu corpo não aguentar mais, pinte o cabelo, faça as unhas, bronzeie a pele, vista roupas novas e caras, clareie os dentes, use maquiagem. Se nada disso funcionar, faça um lifting facial, aumente os seios, dê volume aos lábios, estique as rugas com botox, aspire a gordura das coxas – porque, se você não parece a Gisele Bündchen, não está se esforçando o bastante.

A mídia estabelece padrões ideais de beleza que apenas uma minúscula porcentagem das mulheres consegue alcançar. Para o restante – em especial as perfeccionistas entre nós –, o que resta é uma sensação de ansiedade e inadequação por causa da aparência.

Nos Estados Unidos, dizer às pessoas que elas parecem ter perdido peso é considerado um elogio extremo. Mas pense bem: o que significa alguém dizer que você parece mais magra? Que tipo de elogio é esse?

Caia na real

Não é de espantar que a mulher média sinta-se imperfeita. Veja com quem ela está se comparando!

	Mulher média	*Barbie*	*Manequim de loja*	*Top model Gisele Bündchen*
Altura	1,62m	1,82m	1,82m	1,79m
Peso	66kg	46kg	Não disponível	58kg
Manequim	44-48	38	40	38
Busto	91-93	99	86	86
Cintura	73-78	48	58	60
Quadris	101-106	83	86	86

Fontes: Anorexia Nervosa and Related Eating Disorders, Inc.; revista Health; *NEDIC, grupo canadense de combate aos distúrbios alimentares; e Fashion Model Directory (FMD).*

Que modelo

É impossível, sobretudo se você for perfeccionista, não ser afetada por toda a pressão que a sociedade exerce sobre a magreza, a atração e a beleza física. Somos programadas para procurar falhas e insistir no que é errado, não no que é certo. O fato é que apenas uma em 30 mil mulheres tem corpo de modelo e, de certa forma, as outras 29.999 acham que falharam porque não têm.

Tenho atendido modelos e dançarinas profissionais como pacientes. São mulheres fantásticas, com corpos incríveis, mas com frequência não são felizes. Suas carreiras dependem de elas se manterem magras. Vivem atormentadas por causa de comida e também porque não podem comer o que querem. Você simplesmente não pode comer o que gostaria e ter a aparência delas.

Muitas têm distúrbios alimentares. Seus agentes dizem que elas são magras por natureza. Talvez, mas não magras daquele jeito. Elas se olham no espelho e literalmente ficam obcecadas com qualquer imperfeição real ou imaginária.

No entanto, você pode escapar da pressão para ter um corpo perfeito. É o que lhe mostrarei neste capítulo. Também a ajudarei a descobrir como desligar sua autocensura e fazer as pazes com seu corpo imperfeito, porém bonito.

Distúrbios alimentares e perfeccionismo

Um distúrbio alimentar é uma séria perturbação no comportamento alimentar causada em parte por sentimentos de tristeza pela forma do corpo ou pelo peso. Pessoas com distúrbios alimentares podem morrer de fome, se exercitar em excesso, forçar-se a vomitar, ou tomar laxantes ou diuréticos e aplicar enemas para induzir a eliminação dos alimentos. Distúrbios alimentares tendem a se desenvolver durante a adolescência ou entre adultos jovens, embora estejam se tornando cada vez mais comuns entre adultos mais velhos. As mulheres têm muito mais tendência que os homens a desenvolvê-los. Eles podem causar muito mal e, em casos extremos, levar à morte.

Distúrbios alimentares são muito mais comuns do que se imagina. Especialistas não sabem exatamente quantas mulheres sofrem de distúrbios alimentares, porém afirmam que é uma porcentagem significativa da população total. É possível que alguém que você conhece tenha algum que você nem imagina – a maioria das mulheres com distúrbios alimentares tem peso normal. A não ser que sofram de anorexia grave, elas não parecerão ter um distúrbio alimentar.

Mulheres jovens e adultas com tendências perfeccionistas correm grave risco de apresentar distúrbios alimentares. Diversos estudos descobriram uma relação entre perfeccionismo

Você tem algum distúrbio alimentar?

As perguntas a seguir foram desenvolvidas pela National Eating Disorders Association (www.nationaleatingdisorders.org), dos Estados Unidos. De acordo com a organização, responder "sim" a uma ou mais perguntas sugere que seu comportamento alimentar pode estar desordenado e que é interessante procurar ajuda profissional. Para ser honesta, se você for como muitas mulheres que conheço, responderá "sim" a pelo menos duas questões. Isso pode não significar que você tem um distúrbio alimentar, mas sugere que você deve se perguntar quanta pressão exerce sobre si mesma com relação a peso e alimentação.

- Você evita fazer refeições quando está rodeada de outras pessoas?
- Você calcula os teores de gordura e calorias a todo instante?
- Você se pesa com frequência e fica atormentada com o número que vê na balança?
- Você se exercita porque sente que precisa, não porque quer?
- Você tem medo de engordar?
- Já sentiu que perde o controle quando está comendo?
- Seus padrões de alimentação incluem dieta rigorosa, preferência por certas comidas, comportamentos de recolhimento ou ritualização na hora das refeições, ou compulsão por comida?
- Perda de peso, dieta e/ou controle alimentar se tornaram algumas de suas maiores preocupações?
- Você sente vergonha, nojo ou culpa após comer?
- Você se preocupa com peso, forma ou tamanho de seu corpo?
- Você acha que sua identidade e seu valor se baseiam na sua aparência e no seu peso?

e padrões irregulares de alimentação e exercícios. Faz sentido: quando uma mulher jovem ou adulta sente necessidade de ser perfeita, não surpreende que ela espere que seu corpo também o seja.

Distúrbios dessa natureza não representam falta de vontade – são doenças, não falhas de caráter. Quem sofre desse tipo de doença necessita de tratamento para se tornar saudável dentro do menor tempo possível. Você pode conseguir ajuda de médicos, nutricionistas e psicólogos especializados. Peça ao seu clínico que indique um profissional que trate especificamente desse tipo de problema. Quanto mais depressa um distúrbio alimentar for diagnosticado e tratado, maiores serão as chances de recuperação total.

Muitos pensam que a principal causa de morte entre portadores de doença mental é o suicídio. Na verdade, porém, mais pessoas morrem em decorrência de distúrbios alimentares que de qualquer outra doença psiquiátrica.

O que dizemos a nós mesmas

Mulheres perfeccionistas têm um monte de pensamentos automáticos relacionados com o corpo. Com que frequência você percebe que os pensamentos a seguir passam por sua cabeça?

- Veja como minhas coxas estão grossas.
- Minha barriga está medonha.
- Estou muito gorda.
- Nunca estive tão fora de forma.
- Meu cabelo está horrível.
- Essas rugas me fazem parecer 10 anos mais velha do que sou.
- Eu devia fazer dieta.
- Eu devia ter mais (ou menos) apetite sexual.
- Sou preguiçosa. Sou repugnante. Sou um horror.

Dizemos essas coisas a nós mesmas por causa da decepção e da vergonha que sentimos por não alcançarmos a perfeição física que nós e nossa cultura estabelecemos. Mas esses sentimentos são muito destrutivos. Chamar-se de porca porque comeu meia caixa de biscoito de chocolate não vai fazê-la comer menos na próxima vez – mas com certeza vai minar sua autoestima e impedi-la de ser feliz.

Perguntamos às mulheres: Como o perfeccionismo afeta sua maneira de sentir o corpo?

Tenho 1,80 metro e calço 41. Durante a infância foi difícil ser alta e ter pés grandes. Na quinta série eu tinha quase o dobro do tamanho dos meninos. Mas superei tudo isso quando fui para a faculdade e entrei para a equipe de basquete.

Laura

Passo metade da minha vida tentando deixar meus cabelos lisos, mas eles insistem em encaracolar de novo. É ridículo gastar tanto tempo nisso, mas gosto quando eles ficam do jeito que eu quero.

Rose

Raramente estou de bem com meu corpo. Minhas pernas musculosas aparecem demais sob as calças, minha barriga é saliente, minha pele não é clara como eu gostaria e meu cabelo é fino demais. Embora eu perceba esses pontos, raramente faço alguma coisa para corrigi-los. Apenas sinto uma constante sensação de insatisfação.

Stephanie

Sou muito chata quando vou a uma loja. Experimento 20 calças e saio sem comprar nada. Acabo usando sempre as mesmas porque não consigo encontrar outras que me caiam bem. Se os produtos não forem perfeitos, não consigo comprar.

Patricia

Técnicas que você pode colocar em prática

Pode ser difícil aceitar imperfeições físicas, porém as ferramentas mente-corpo descritas daqui até o fim deste capítulo podem de fato ajudar.

ATENÇÃO ÀS DISTORÇÕES COGNITIVAS

Distorções cognitivas causam uma quantidade imensa de problemas no que se refere a pensamentos relacionados ao corpo. Somos tão duras conosco! Se falássemos com outras pessoas do modo como falamos conosco, não teríamos muitas amigas.

Pensamentos do tipo "ou tudo ou nada", são a distorção cognitiva mais comum. Eles levam uma perfeccionista a pensar que, se ela não consegue fazer algo com perfeição, é melhor não fazê-lo. Por exemplo: você sabe que está acima do peso e tem consciência de que a perda de uns quilinhos melhoraria sua saúde. No entanto, você diz a si mesma que se não puder vestir tamanho 40, não vale a pena nem tentar. A verdade é que, se você está acima do peso, perder 5% ou 10% que seja do seu peso corporal pode trazer benefícios mensuráveis para sua saúde. Se você pesa mais de 90 quilos, perder 3 ou 5 ou 10 quilos não a transformará em uma Kate Moss, mas reduzirá as chances de você sofrer de problemas cardíacos, diabetes tipo 2 e outras doenças.

Quando falei recentemente para o grupo de bandeirantes de minha filha mais velha sobre imagem do corpo e autoestima, perguntei a elas no que pensavam primeiro quando lhes ofereciam um doce. A maioria deu respostas do tipo "Nenhum doce faz bem", "Nunca se deve comer chocolate" ou "Doce engorda".

Um dos melhores exemplos de pensamento do tipo "ou tudo ou nada" é o efeito provocado pela atitude de chutar o balde. Talvez você o reconheça: você está controlando a alimentação, mas na hora do almoço deixa de fazer uma refeição saudável e devora um croissant delicioso. Em vez de se cuidar pelo resto do dia, esse tipo de atitude fala mais alto e você come porcaria o dia todo. Você já tinha arruinado a dieta com o croissant, então decide chutar o balde e come meia dúzia de biscoitos recheados, um pacote de salgadinhos, toma dois copos de refrigerante, além de um pote grande de sorvete. Você pode recomeçar a dieta no dia seguinte.

Outro exemplo comum de pensamento do tipo "ou tudo ou nada" é dizer a si mesma que, se tiver apenas poucos minutos para se exercitar, nem vale a pena começar, porque uma sessão curta de ginástica não adianta nada. Na verdade, sessões curtas de exercícios podem ser tão benéficas quanto as longas – ou até mais. Um estudo recente revelou que pessoas com hipertensão que se exercitavam durante 10 minutos seis vezes ao dia reduziam a pressão arterial mais do que as que se exercitavam durante 60 minutos corridos.

Uma pequena reestruturação cognitiva a lembrará que uma caminhada de apenas 20 minutos é melhor do que *não* fazer uma sessão de exercícios de 45 minutos. Carolyn sabe tudo sobre o assunto:

> *Se eu não puder ir à academia todos os dias por pelo menos uma hora, às vezes penso: por que ir? E se eu não for, nada vai mudar, então entro no ciclo do "se não for perfeito, simplesmente não consigo fazer".*

Outra distorção cognitiva na qual perfeccionistas conscientes do corpo se encaixam é a minimização. Achamos muito difícil aceitar um elogio – se alguém faz uma observação amável, nós a minimizamos, desacreditando o comentário ou a pessoa que o fez. Ou saímos para uma caminhada de 25 minutos e minimizamos sua importância porque não é tão benéfica quanto uma hora de *spinning*. Mais uma vez, um pouco de reestruturação cognitiva pode ajudá-la a reformular e aproveitar os elogios e suas conquistas.

Se as distorções cognitivas estão deturpando seu modo de pensar sobre você mesma, pegue seu diário e faça os exercícios de reestruturação cognitiva descritos no Capítulo 3. Seguem-se alguns exemplos de distorções cognitivas comuns relacionadas ao corpo.

- **Distorção:** Pensamentos do tipo "ou tudo ou nada"
  Exemplo: Se você comer uma fatia de bolo, sua dieta estará comprometida pelo resto do dia. Então você acha que dá na mesma comer três fatias e recomeçá-la amanhã.

Diga a si mesma: "Parabéns por comer apenas uma fatia de bolo. Todo mundo tem direito a comer algo gostoso uma vez ou outra."

- **Distorção:** Filtro mental

  Exemplo: Você perde uma de cada 10 aulas de ginástica e se critica por não ser capaz de persistir no seu plano de exercícios.

  Diga a si mesma: "Estou indo muito bem. Consigo ir a 90% de minhas aulas de ginástica!"

- **Distorção:** Tirar conclusões precipitadas

  Exemplo: Você nem tenta fazer uma aula de ginástica porque põe na cabeça que será puxada demais ou que todas as outras pessoas na aula estão em muito melhor forma que você.

  Diga a si mesma: "Se não tentar, não vou saber se consigo ou não. Vou me inscrever em uma turma de principiantes, prometer a mim mesma que farei pelo menos duas aulas e depois decido se continuo ou não."

- **Distorção:** Fazer tempestade em copo d'água

  Exemplo: Você acha que comer um biscoito arruinará sua dieta e a levará a uma vida inteira de obesidade.

  Diga a si mesma: "Cinquenta calorias não vão me deixar obesa. Um biscoito não vai me fazer engordar, se eu me controlar e não comer mais que isso."

- **Distorção:** Subestimar a importância das coisas

  Exemplo: Você diz a si mesma que não precisa parar de fumar porque muita gente fuma e não tem câncer.

  Diga a si mesma: "Isso pode acontecer, mas a maioria das pessoas que desenvolvem câncer de pulmão é fumante."

- **Distorção:** Dar a si mesma apelidos e rótulos depreciativos

  Exemplo: Depois de dar cabo de um saco grande de salgadinhos, você se intitula uma "porca" ou um "lixo".

  Diga a si mesma: "Eu não devia ter feito isso. Vou escrever no meu diário para tentar descobrir por que comi tanto e como evitar que isso se repita no futuro."

- **Distorção:** Cobranças excessivas a si mesma
Exemplo: Você diz a si mesma que jamais deve sair de casa se não estiver com uma aparência perfeita, ou as pessoas vão julgá-la mal.
Diga a si mesma: "Se as pessoas me julgam apenas pela aparência, não são muito legais."

- **Distorção:** Tomar decisões de modo emocional, em vez de racional
Exemplo: Você acorda, descobre uma espinha enorme na testa e fica tentada a cancelar uma entrevista de emprego porque acha que o entrevistador teria nojo e não a contrataria.
Diga a si mesma: "É provável que nem percebam a espinha e, se perceberem, certamente não a levarão em conta na hora de me avaliar."

- **Distorção:** Personalização
Exemplo: Você se culpa por uma imperfeição física sobre a qual não tem controle, como pouca altura ou queixo saliente.
Diga a si mesma: "Devo esquecer meu queixo e pensar em meus olhos bonitos e cabelos sedosos."

- **Distorção:** Busca de aprovação
Exemplo: Você prefere não entrar na piscina durante uma festa realizada na área em volta dela porque acha que os outros vão expressar desagrado com relação à sua aparência ao verem você em trajes de banho.
Diga a si mesma: "Todas as pessoas na festa estão de tal modo preocupadas com a própria aparência que nem olham para mim. Além disso, posso chamar mais atenção sem nadar do que se simplesmente me jogasse na piscina."

ESTABELEÇA METAS REALISTAS DE PERDA DE PESO

Praticamente toda mulher deseja ser mais magra. A perfeccionista, no entanto, não apenas deseja, mas espera ser e, se não consegue, acusa-se de ser relapsa e preguiçosa e acredita que não tem autocontrole nem autodisciplina.

É claro que há riscos de saúde associados à obesidade e que um peso saudável é um objetivo sensato. Mas o fato é que você não precisa ser magérrima para ser saudável. Na verdade, pesquisas mostram que é realmente melhor estar acima do peso e em forma do que magra e sedentária. Com pensamentos do tipo "ou tudo ou nada", perfeccionistas acima do peso tendem a sentir que se não conseguem reduzir seu manequim para 38, não há sentido em tentar perder um quilo ou dois. Há, no entanto, um meio-termo. E o melhor modo de encontrá-lo é estabelecer uma meta realista de peso. Aqui vão algumas dicas sobre como proceder:

- **Seja sensata.** Se precisar perder apenas alguns quilinhos, escolha uma meta de peso sensata, saudável e possível de ser atingida. Não queira ter o peso que tinha no seu tempo de escola.
- **Estabeleça uma série de metas.** Se precisar emagrecer mais, pense em estabelecer uma série de metas de perda de peso. Por exemplo, se você pesa 85 quilos e gostaria de pesar 60, não estabeleça 60 como meta, porque perder 25 quilos é assustador demais. Em vez disso, proponha-se a perder meio quilo por semana ou um quilo e meio por mês. Emagrecer, ainda que poucos quilos, fará maravilhas por você – reduzirá o risco de doenças, melhorará seu humor, lhe dará mais energia e permitirá que suas roupas pareçam mais confortáveis. Quando chegar aos 75 quilos, pare por algum tempo e tente manter esse peso. Depois você pode estabelecer uma nova meta, digamos 70 quilos. Ao quebrar a perda de peso em frações atingíveis, suas chances de sucesso aumentam.
- **Movimente-se.** Algumas mulheres preferem esquecer os números da balança e exercitar o corpo. Tenho uma amiga que descobriu que quando mulheres acima do peso dedicam apenas curtos períodos ao exercício físico e só duas vezes por semana, seus níveis de força aumentam visivelmente em muito pouco tempo. E o principal é que perdem peso e também alguns centímetros. Depois, à medida que o nível de força au-

menta, as mulheres sentem que sua energia também aumenta e ficam naturalmente mais interessadas em se exercitar. Quando o exercício se transforma em hábito, a alimentação mais saudável parece ser uma consequência natural.

Mude uma coisa de cada vez. Outra técnica infalível é se esquecer de quantos quilos você precisa perder e se concentrar em mudar seus hábitos alimentares. Mas não faça uma mudança radical, ou você se sentirá arrasada e frustrada. Em vez disso, escolha um hábito alimentar – talvez aquele pote de sorvete que você toma todas as noites – e faça uma substituição. Troque por sorvete de baixa caloria, diminua a porção pela metade, não acrescente calda, enfim, faça qualquer coisa que represente uma mudança pequena, porém definitiva. Mantenha esse ritmo durante uma semana ou duas e depois faça outra mudança – por exemplo, substitua o creme no café por leite desnatado. Siga-a por uma ou duas semanas e então acrescente outra. A ideia é estabelecer pequenas metas, alcançá-las, sentir-se confortável com elas e depois acrescentar mais metas. Em outras palavras, dê pequenos passos.

A técnica dos "pequenos passos" é o oposto exato do que perfeccionistas em geral fazem. Nós, perfeccionistas, não gostamos de dar pequenos passos – preferimos passos grandes, gigantescos. Gostamos de fazer tudo de uma vez. Quando decidimos emagrecer, estabelecemos uma meta exagerada, um plano de exercícios irreal e a dieta de um monge penitente. Começamos cheias de entusiasmo e boas intenções e nos mantemos na linha durante três dias. Depois acontece alguma coisa – a babá telefona dizendo que está doente ou uma reunião demora mais que o previsto – e precisamos faltar à aula de ginástica. Por faltarmos a uma aula, abrimos mão de nossa dieta espartana e devoramos um cheeseburger duplo na hora do almoço. Depois desistimos por completo porque não fomos capazes de fazer tudo à perfeição.

É um conceito difícil de ser absorvido por perfeccionistas, mas dar pequenos passos é um modo incrivelmente eficaz para atingir metas de perda de peso ou quaisquer outras. No que se refere a exercícios físicos, essa estratégia leva naturalmente à perda de peso e a uma alimentação mais saudável – não em um único dia, mas isso acaba acontecendo com o tempo. Em vez de pensar que você precisa perder 45 quilos, considere fazer uma caminhada de cinco minutos uma vez por dia. Na semana seguinte, aumente para 10 minutos, e assim por diante. As pessoas que dão pequenos passos podem acabar correndo maratonas. Conseguem perder dezenas de quilos, mas isso exige tempo e paciência, dois itens que estão sempre em falta entre perfeccionistas. Mas não se preocupe – você pode encontrar tempo e desenvolver paciência.

ESTABELEÇA METAS REALISTAS DE EXERCÍCIOS

Muitas de nossas entrevistadas elegeram o exercício físico como seu maior aliado no combate ao estresse. E fazem muito bem: estudos mostram que o exercício reduz a ansiedade, o estresse e a depressão. Em alguns casos, é tão eficaz no tratamento da depressão quanto medicamentos.

Além de tonificar e fortalecer o corpo, a atividade física tem um efeito significativo sobre o cérebro, liberando endorfinas (substâncias naturais que aliviam a dor e geram uma sensação de bem-estar) e os neurotransmissores serotonina, norepinefrina e dopamina, que agem como antidepressivos.

Pesquisas mostram que os melhores resultados são conseguidos quando você se exercita cinco ou seis vezes por semana durante um período de 30 a 60 minutos diários. Mas a realidade é que o que você fizer é melhor do que nada. Andar uma quadra a pé pode representar apenas poucos minutos de exercício, porém dá mais resultado do que ficar parada. Se você não tiver muito tempo disponível para atividade física, dá certo dividi-lo em períodos de 10 minutos ao longo do dia. Isso pode não parecer suficiente se você for perfeccionista com relação à forma física – várias entrevistadas disseram que, por causa do pensamento do tipo "ou tudo ou nada", às vezes não praticam atividade física de nenhum tipo se não tiverem tempo para uma série completa de exercícios puxados. Não há dúvida de que uma aula de ginástica aeróbica de 60 minutos é melhor do que uma caminhada de 10 minutos no quarteirão, mas a caminhada de 10 minutos é muito melhor do que nada – e caminhar 10 minutos diariamente é melhor do que apenas uma hora uma vez por semana.

Dez minutos aqui e ali não parecem muito, mas ajudam. Em um estudo realizado em 2001, pesquisadores pediram a 15 mulheres sedentárias, hipertensas e na pós-menopausa que acrescentassem de 4 mil a 5 mil passos por dia ao trajeto que já fazem a pé, simplesmente alterando suas rotinas diárias, como estacionar o carro longe de seus destinos, dar uma breve caminhada no intervalo do café, e assim por diante – a maioria das pessoas leva menos de meia hora para dar 4 mil passos. Seis das mulheres viram que sua pressão arterial voltou ao normal e outras três reduziram a pressão para níveis mais saudáveis nos limites da alta. Após 24 semanas, as mulheres perceberam que sua pressão arterial tinha baixado, em média, 1,1 ponto.

Mesmo o exercício ocasional ajuda. Embora seguir um esquema regular ofereça maiores benefícios para melhorar o humor, exercícios esporádicos podem oferecer uma sensação imediata de bem-estar, de acordo com um estudo conduzido pela Universidade do Texas. Mesmo uma única sessão de exercícios – 30 minutos de esteira – pode melhorar o humor de uma pessoa deprimida. "Muita gente com depressão tenta se automedicar com álcool, cafeína ou cigarro para administrar as rotinas diárias", observou o pesquisador John Bartholomew, quando o estudo foi publicado. "Exercícios de intensidade baixa e moderada parecem ser uma alternativa para o controle da depressão – uma alternativa que não vem acompanhada de tantas consequências negativas para a saúde."

Portanto, da próxima vez que se sentir cansada ou triste, saia para caminhar em vez de pegar um cigarro ou um copo de vinho.

Recompensas do exercício

Além de reduzir o estresse, a ansiedade e a depressão, o exercício oferece alguns dos seguintes benefícios:

- Fortalece o sistema cardiovascular
- Melhora os níveis de colesterol no sangue
- Reduz a pressão arterial
- Controla o nível de açúcar no sangue
- Ajuda a controlar o peso
- Reprime a insônia
- Facilita a digestão
- Retarda os efeitos incapacitantes da artrite
- Aumenta a densidade óssea, ajudando a prevenir a osteoporose
- Desenvolve a musculatura
- Estimula o metabolismo
- Reduz a gordura corporal
- Melhora a força muscular e a flexibilidade
- Aumenta e melhora o desempenho mental

ESTABELEÇA METAS REALISTAS DE ALIMENTAÇÃO

Seria ótimo se você pudesse sempre comer bem. Mas isso também é impossível. Se estiver chateada consigo mesma por se manter abaixo dos 100% ao seguir uma dieta saudável, é hora de mudar seu modo de pensar sobre comida e de adotar o plano de alimentação 80/20. Com ele, se no aspecto nutricional você seguir 80% de sua dieta, poderá ser menos rígida com os outros 20%. O segredo do plano 80/20 é que ele se baseia na expectativa realista de que, embora não consiga seguir um regime nutritivo *o tempo todo*, você consegue fazê-lo *a maior parte do tempo*.

Algumas mulheres se alimentam de modo adequado durante a semana e se concedem algumas extravagâncias nos fins de semana. Outras reservam os 20% para as tardes, quando adoram beliscar. O importante do plano 80/20 é que ele estimula uma dieta mais saudável ao mesmo tempo que permite algumas extravagâncias ocasionais. Isso não acontece naturalmente com perfeccionistas adeptas do "ou tudo ou nada", mas com alguma prática é possível se adaptar ao plano.

Você é rígida com sua dieta? Já adotou o plano 80/20 ou oscila entre 100% comida nutritiva e 100% porcaria? Faça o teste a seguir para saber.

Teste: Qual o seu nível de 80/20?

O exercício a seguir a ajudará a determinar em que medida seus hábitos alimentares se encaixam no plano 80/20. Marque em cada par o alimento que você come com mais frequência. Atenção para não marcar o alimento que você sabe que *deveria* comer com mais frequência, ou o alimento que você *gostaria* de comer com mais frequência, mas o que você *de fato* come mais frequentemente.

O que você come com mais frequência?

Marque um de cada par:

_____ frango/peru fatiado _____ salsichão/salame/presunto
_____ frutas frescas _____ frutas em calda enlatadas
_____ batata assada _____ batata frita
_____ queijo cottage light _____ queijo cremoso
_____ pão integral _____ pão branco
_____ café com leite desnatado _____ café com leite integral
_____ peixe grelhado _____ frango empanado
_____ barra de granola _____ barra de chocolate
_____ sanduíche de frango grelhado _____ cheeseburger
_____ hortaliças frescas _____ hortaliças enlatadas
_____ alface-romana ou roxa _____ alface-americana

_____ salada	_____ sanduíche de rosbife
_____ sopa de legumes	_____ sopa cremosa
_____ refrigerante diet/light	_____ refrigerante comum
_____ salgadinhos assados industrializados	_____ batatas chips industrializadas
_____ leite desnatado	_____ leite integral
_____ macarrão com legumes	_____ macarrão com almôndegas
_____ comida feita em casa	_____ comida congelada
_____ pipoca sem gordura	_____ pipoca na manteiga
_____ cereais integrais sem açúcar	_____ cereais pré-adoçados
_____ TOTAL (80%)	_____ TOTAL (20%)

Para saber o resultado, conte a quantidade de itens marcados na coluna da direita.

0-3: Você pode estar exagerando na tentativa de ter uma alimentação perfeita. Relaxe um pouco e faça uma extravagância uma vez ou outra.

4-5: Você está cumprindo à risca o plano 80/20.

6-10: Você está cedendo aos desejos com muita frequência – tente substituir alguns de seus alimentos da coluna de 20% por outros da de 80%.

11-20: Seu regime alimentar precisa ser revisto. Para aconselhamento sobre como planejar uma dieta saudável, consulte um nutricionista.

PRATIQUE A GRATIDÃO ATIVA

Se tudo o que você consegue enxergar quando se olha no espelho são as imperfeições, praticar a gratidão ativa pode ajudar. Quando se olhar, tente se concentrar nos pontos favoráveis. Procure o que tem de forte, bonito, saudável, único. Escreva uma lista desses atributos positivos no seu diário para refletir sobre eles quando sentir-se particularmente crítica com relação ao seu corpo.

Se tiver problema para encontrar algo que satisfaça seus padrões de perfeccionista, mude seu modo de olhar para si mesma. Faça de conta que está vendo a imagem de outra pessoa – de sua melhor amiga, sua irmã ou outra pessoa que você ame. Aplique ao seu próprio corpo os padrões que usa para se referir aos corpos das pessoas que lhe são queridas. Baseando-se nesses padrões, selecione pelo menos cinco aspectos positivos na imagem. Diga à imagem o que você vê, dirigindo-se a ela como se fosse outra pessoa: "Seus olhos são de um verde lindo" ou "Você tem pernas fortes". Fale para a imagem refletida no espelho com o mesmo amor e compaixão que usaria para se dirigir a uma amiga querida ou a alguém de sua família. Espero que descubra que, ao falar consigo mesma do modo como fala com os outros, suas palavras serão muito menos ásperas e você conseguirá avaliar melhor os méritos do seu corpo.

NÃO DÊ BOLA PARA A MÍDIA

Em gerações passadas, as mulheres sentiam-se bastante satisfeitas consigo mesmas porque seu círculo de comparação era pequeno – as mulheres da igreja, as vizinhas, familiares e fotos de revistas. Hoje, vemos imagens das mulheres mais lindas do mundo a cada dia. E a maior parte das imagens que vemos é retocada, deixando mulheres quase perfeitas mais perfeitas ainda. Lembro-me de ter lido uma entrevista com uma supermodelo que disse que quando olhava para sua foto retocada em uma capa de revista, sentia-se intimidada porque nem a sua aparência *real* era tão boa assim. Como podemos competir com modelos quando nem elas conseguem se identificar com suas imagens publicadas?

Até os participantes dos chamados *reality shows* estão longe de serem reais. Talvez nem todos sejam modelos profissionais ou atores, mas ainda assim estão longe de parecerem pessoas comuns. Os produtores de programas desse tipo rejeitam milhares de pessoas para escolher um grupo pequeno e seleto.

Vemos então na mídia os dois extremos: as mulheres perfeitas das capas de revista e os perdedores na TV do dia a dia. Não queremos ser iguais aos perdedores, por isso somos atraídos pela perfeição. Se pudermos escolher, vamos querer nos comparar aos bonitos, não aos feios.

Sei que quando a aconselho a não se impressionar com as imagens que aparecem na mídia estou pedindo o impossível. No entanto, ainda que não consiga bloquear todas as imagens perfeccionistas de sua vida, você pode eliminar algumas delas. Faça o que puder para tirá-las do seu campo de visão: cancele a assinatura de revistas que têm foco na beleza e na perfeição, evite programas de televisão em que as mulheres exibem corpos perfeitos, evite olhar outdoors que mostram uma imagem gigantesca de uma atriz lindíssima numa pose sedutora – se pelo menos tivessem mostrado a foto *antes* dos retoques. Você não pode cortar tudo, mas pode reduzir sua exposição.

SEJA VERDADEIRA COM RELAÇÃO AO SEXO

Os personagens em filmes, livros, programas de televisão e revistas pensam em sexo o tempo todo. Mas isso não é verdade para as pessoas de carne e osso. Perfeccionistas pensam que sua vida sexual deveria ser tão boa quanto a de personagens de ficção. Esperar que isso aconteça é a receita para o fracasso.

As pessoas estão fazendo sexo com muito menos frequência do que pensamos e não estão tendo o prazer que imaginamos. Cerca de 40% das mulheres relatam ter disfunção sexual – não têm muito interesse pelo sexo, não o acham satisfatório ou não conseguem chegar ao orgasmo. Milhões de homens estão tomando medicamentos para melhorar seu desempenho. O problema é que muitos desses indivíduos tentam viver de acordo com uma expectativa que não se baseia na realidade, tal como as perfeccionistas.

A verdade é que o desejo sexual de uma mulher alterna períodos de aumento e diminuição ao longo da vida. É completamente normal, em certas épocas, não ter nenhum desejo sexual – após o nascimento de um filho, em diferentes momentos durante o ciclo menstrual, enquanto as crianças são pequenas e em períodos de extremo estresse. Portanto, se estiver sentindo que sua vida sexual não é mais a mesma e que você está passando por um desses ciclos da vida, relaxe. É normal.

No entanto, algumas expectativas perfeccionistas de um tipo diferente podem interferir na satisfação sexual. É muito mais difícil você apreciar seu corpo no aspecto sexual quando não gosta dele, sente-se altamente crítica com relação a ele e quer escondê-lo do parceiro. Você terá muito mais prazer no sexo se conseguir sentir-se menos perfeccionista com relação ao seu corpo. Pense no seguinte:

- Seu corpo não precisa ser perfeito para excitar um homem. Apesar de ficarem embasbacados com as modelos magérrimas que aparecem nas revistas, a maioria dos homens prefere mulheres curvilíneas. Se quiser ter relações prazerosas, abandone a ideia de que "somente mulheres com corpo perfeito têm prazer". Por mais irônico que seja, até as mais bonitas sofrem com essa noção equivocada. Muitas das modelos que foram minhas pacientes não se acham tão bonitas e têm tantos problemas de autoestima quando se trata de sexo quanto as mulheres de aparência comum.
- É provável que seu parceiro não critique tanto o seu corpo quanto você mesma. Assim, o que há de errado se seus seios estão um pouco caídos e você engordou dois quilos? Seu parceiro certamente a considera atraente mesmo assim. Os homens são fortemente atraídos pelo aspecto visual: se olham para um par de seios por cima de uma barriga flácida, o que você acha que chama mais a atenção deles? Não a barriga, com certeza.
- A maioria dos homens se preocupa mais em saber como você *age* na cama do que com a sua *aparência*. Tente se concentrar em *ser*, em vez de *julgar* seu corpo. Você *parecerá* mais sensual,

qualquer que seja a sua constituição física, se *sentir-se* sensual – e seu parceiro vai perceber isso.

- Nem todos os encontros sexuais serão perfeitos – às vezes você fica excitada, mas a mente de seu parceiro está a mil quilômetros de distância. Às vezes acontece o oposto. É difícil que as duas pessoas estejam em sintonia o tempo todo.
- A masturbação é um excelente modo de as mulheres descobrirem o que as excita. Ela permite que você explore fantasias de forma segura e a ajuda a sentir-se menos constrangida para usar a imaginação durante o sexo. Quando souber exatamente o que a agrada, comunique ao parceiro e o ajude a satisfazer suas necessidades e as dele.
- Se sentimentos intensos de vergonha, ansiedade ou culpa impedem que você tenha uma vida sexual saudável, pense em consultar um terapeuta que a ajude a explorar a origem desses sentimentos e a descobrir como trabalhá-los.

PREMIE-SE

Há poucos anos, um estudo fascinante examinou o motivo pelo qual as pessoas que emagrecem muito tendem a recuperar quase todo o peso que perderam. As pesquisas acompanharam as pessoas durante os períodos de perda, manutenção e aumento de peso. Por que elas voltavam a ganhar os quilos que tinham emagrecido? A resposta era clara e evidente: enquanto perdiam peso, recebiam muita atenção e elogios. No entanto, quando atingiam seus objetivos e paravam de emagrecer, deixavam de receber apoio e admiração. Sem todo o reforço positivo que as abastecera durante o período de emagrecimento, elas engordavam de novo.

O estudo demonstrou duas coisas: primeiro, que recompensas ajudam a reforçar o comportamento positivo e, segundo, que não podemos depender de pessoas ao nosso redor para nos dar o reconhecimento de que precisamos. Recompensas surtem efeito quando se está tentando modificar um comportamento negativo. Mas você precisa criar seu próprio sistema de recompensa. O mundo não lhe dará o reconhecimento de que precisa, por isso trate de obtê-lo você mesma.

Estabeleça metas pequenas, fáceis de serem cumpridas, e dê a si mesma uma recompensa quando atingi-las. Quando não conseguir alcançá-las, não se recrimine. Reconheça que deixou de atingir um objetivo, estabeleça um novo e decida por qual recompensa irá batalhar. É uma estratégia que realmente funciona.

PERDOE A SI MESMA COM MAIS FREQUÊNCIA

Esta é uma das habilidades mais difíceis de ensinar às perfeccionistas. Presumimos que não cometemos erros – então por que diabos nos perdoaríamos quando cometemos algum?

Por que quando uma amiga comete um erro a desculpamos, mas quando nós o cometemos nos recriminamos? É o que as perfeccionistas tendem a fazer. Não conseguimos aceitar o fato de que não somos perfeitas. Quando erramos, nos sentimos ridículas. O pensamento do tipo "ou tudo ou nada" nos leva a acreditar que, se falharmos uma vez, nada vai funcionar. Por exemplo, quando uma mulher que não é perfeccionista está de dieta mas come um pedaço de bolo que não deveria, ela se desculpa e, para compensar, simplesmente decide não comer sobremesa no dia seguinte. Mas quando uma perfeccionista de dieta come um pedaço de bolo, ela faz uma tempestade num copo d'água – uma distorção cognitiva comum – e entra em pânico porque acha que o fato de ter comido um pedaço a levará a comer o bolo inteiro, o que resultaria em obesidade mórbida, doença cardíaca e morte prematura. Quando você perde controle uma vez, o pensamento perfeccionista a convence de que nunca irá recuperá-lo.

Aprender a se perdoar não é fácil, mas vale a pena, sobretudo no que se refere a dietas e exercícios. Quando comer alguma coisa que não tinha planejado ou faltar a uma aula de ginástica, preste atenção ao pensamento automático que toma conta de sua mente. Usando estratégias de reestruturação cognitiva, identifique os pensamentos, coloque-os à prova e depois os reestruture de modo mais construtivo.

Outra grande habilidade cognitiva a ser usada nessa situação é parar de pensar. Digamos, por exemplo, que você tome sorvete demais. Os pensamentos automáticos imediatamente começam a repreendê-la por falta de autodisciplina e por perda de controle. Quando você reconhece esses pensamentos, no mesmo instante visualiza uma enorme placa vermelha que significa "pare". Respire fundo e pergunte-se por que está dizendo tais coisas a si mesma. Depois, deliberadamente e com calma reformule o pensamento e, se necessário, modifique seu comportamento. Lembre-se dos quatro passos para frear o pensamento: parar, respirar, refletir e escolher.

Quando você lutar para se perdoar, tente imaginar o que faria se sua melhor amiga lhe telefonasse e dissesse que tinha cometido o mesmo erro que você. Você a repreenderia, xingaria e a chamaria de fraca? Claro que não. Você a apoiaria, incentivando-a a perdoar a si mesma e a relevar o erro. Tente agir do mesmo modo quando você falhar e seja tão tolerante consigo mesma quanto seria com uma amiga.

Além disso, quando se concentrar em praticar o autoperdão, pense na distorção cognitiva conhecida como "filtro mental" e pergunte a si mesma se ele a está atrapalhando. Por exemplo, se você vai regularmente à academia durante duas semanas e depois falta um dia, o filtro mental a impede de ver os dias em que se exercitou e se concentra naquele em que faltou. Ao recorrer à reestruturação cognitiva, você consegue colocar esses pensamentos em perspectiva.

ACEITE QUE ENVELHECER FAZ PARTE DA VIDA

Ninguém quer envelhecer, mas quando você pensa que a alternativa é morrer jovem, envelhecer não é tão ruim. No entanto, perfeccionistas lutam com as mudanças físicas do envelhecimento porque não conseguem controlá-las.

A melhor estratégia para enfrentar essas mudanças relacionadas à idade é modificar o que se pode e aceitar o que não se pode mudar. Não se consegue interromper o processo de envelhecimento, mas é possível, por exemplo, usar toneladas de filtro solar para prevenir rugas, se alimentar adequadamente de modo a reduzir o risco de doenças, tomar suplementos de cálcio e vitamina D para manter a força óssea e praticar exercícios aeróbicos para aumentar a energia.

Várias pesquisas sobre envelhecimento concluíram que mulheres mais velhas que se exercitam regularmente conseguem interromper ou reverter a fraqueza muscular relacionada à idade. Nos estudos sobre o efeito de exercícios no envelhecimento, até mulheres de 80 anos ou mais aumentaram sua flexibilidade, força, resistência física e capacidade de desempenhar bem suas funções na vida cotidiana. Mulheres de todas as idades que começam a praticar exercícios moderados percebem o resultado em questão de semanas.

À medida que você envelhece, todas as células do seu corpo envelhecem e o risco de câncer, doença cardíaca, artrite e muitas outras doenças aumenta. A escolha é sua: você pode se acomodar e correr o risco ou se empenhar ao máximo para se proteger.

Perfeccionismo e doença

Uma estudante universitária de 20 e poucos anos com quem trabalhei poderia ter servido de modelo para um pôster sobre escolhas para um estilo de vida saudável. Ela era vegetariana, disputava maratonas e nunca fumou, ou seja, basicamente tinha um cuidado fantástico com o corpo em todos os sentidos. Apesar de todos esses comportamentos saudáveis, desenvolveu um câncer terminal.

Um idoso que conheço é exatamente o oposto. Fumou por mais de 50 anos, nunca fez exercícios físicos, come o que quer e toma um drinque ou dois todas as noites. Apesar de todas as suas escolhas certamente pouco saudáveis, aos 80 anos ele ainda é forte. Fez tudo errado e está em perfeita forma.

Isso não é justo. Mas a lição que essas duas pessoas nos ensinam é que há coisas na vida que simplesmente não conseguimos controlar. É um conceito muito duro de ser aceito, acima de tudo por perfeccionistas.

Não estou recomendando que você passe a fumar e abandone todos os seus hábitos saudáveis – com certeza você pode reduzir seu *risco* de doenças fazendo escolhas saudáveis. Mas, no fim das contas, você não tem o controle do que acontece com você.

É extremamente difícil receber o diagnóstico de uma doença grave e precisar enfrentar o fato de que seu corpo não está perfeito. Quando isso acontece, você sente que perdeu todo o controle sobre sua vida – você sabe como é difícil para nós, perfeccionistas, admitir que não temos controle de alguma coisa! Você tem a impressão de que seu corpo a decepcionou. É normal sentir isso.

Se surgirem problemas de saúde, você pode usar algumas das estratégias apresentadas neste livro para lidar com a doença.

BUSQUE UM SENTIDO PARA A VIDA

Uma estratégia para a superação de adversidades é procurar sentido para o infortúnio. Foi isso que alguns dos pais dos jovens mortos no massacre da escola de Columbine fizeram, criando fundações para prevenir, detectar e tratar a violência juvenil. E uma advogada conhecida minha que ficou paralítica após um acidente de carro usou sua experiência nas trincheiras médicas para advogar em defesa dos deficientes físicos. Essas pessoas passaram por uma crise e a usaram como impulso para modificar suas vidas ou criar algo significativo, como fez Pamela:

Eu era perfeccionista, mas mudei meu comportamento após um câncer de mama, vários anos de terapia e o dia a dia intenso com três filhos, quatro gatos, um cachorro grande e um marido que viaja muito. É possível escrever na poeira acumulada na cômoda de meu quarto. Às vezes vou para a cama deixando louça suja na pia. Quase não dá para entrar na minha garagem, porque tem tanta coisa empilhada lá que ela precisa de uma limpeza urgente. Não tenho mais como lavar roupa todos os dias. Deixo latas de lixo na calçada para meus filhos guardarem depois e eles preparam o próprio almoço com frequência e passam a ferro seus uniformes escolares se um dia não consigo fazê-lo por uma razão ou outra. Quando estou cansada, me poupo em vez de me forçar, como fazia antes, e me esqueço de mandar cartões de aniversário com antecedência. Não posso dizer que nada disso me incomoda, mas é a realidade em que eu vivo.

Quando acabei minha última sessão de quimioterapia, meu médico me liberou para viajar. Quando saí, ele disse: "Não faça nada que não queira fazer." Jamais esquecerei isso. Em minha vida inteira eu tinha feito o que as outras pessoas queriam, ainda que eu ficasse ressentida por me forçarem a isso. Fiz o que quis com minha vida – ninguém podia mudar isso –, mas as coisas pequenas, como ficar de babá para filhos de outras pessoas quando eu já tinha os meus, não querer que os outros vissem a louça suja na cozinha, me recriminar por não conseguir dar conta da roupa por passar, da limpeza da casa ou do preparo das refeições. Essas cobranças não tinham fim.

Ter câncer permitiu que eu escolhesse o que era melhor para mim, sem me preocupar com o que os outros queriam que eu fizesse. No início, comecei a fazer escolhas com base na minha saúde. Com o tempo, se tornou um modo de pensar, de me permitir não ser perfeita, não satisfazer os ideais de outras pessoas e não me apressar em fazer várias coisas ao mesmo tempo, o que me deixaria maluca.

Isso quer dizer que o câncer reduziu o perfeccionismo? Com certeza. Estou livre de toda culpa e nunca mais insistirei em manter tudo na linha? Não. Mas trabalho em tempo integral, tenho uma família e não consigo dar conta de tudo. Só lamento para quem acha que consigo. Meus filhos estão sendo criados sabendo que precisam ajudar com as tarefas domésticas. Se eles não colaboram, os pratos ficam na pia, o lixo por tirar e a pilha de roupa para ser passada só aumenta. Faço mais que algumas mães e menos que outras, mas minha principal preocupação agora não é onde me encaixo entre elas. O que importa é quando vou encontrar tempo para rezar, fazer trabalhos manuais e me exercitar, além de tudo o que faço agora. Não estou fazendo o bastante de nada disso e meu objetivo é fazer um pouco mais, não por perfeccionismo, mas para meu próprio prazer e crescimento.

Após um diagnóstico como o de Pamela, você passa por uma fase crítica durante a qual a adaptação é difícil e então começa a se ajustar. Se não conseguir, explore as possíveis razões por trás disso. Você está recebendo apoio adequado? Está fazendo o que precisa para si mesma? Seria útil consultar um terapeuta? Você está se precipitando e esperando voltar ao "normal" depressa demais? Não reprima suas emoções sobre problemas de saúde sérios. Deixe que as emoções existam e se permita senti-las. É saudável se lamentar. Reserve algum tempo para você e procure nos amigos, em grupos de apoio ou em um terapeuta o amparo de que precisar.

EVITE A CULPA

Pergunte a si mesma se está se culpando pela doença. Perfeccionistas tendem a se culpar até por ocorrências sobre as quais não têm controle. Fazer o jogo de colocar a culpa em si mesma não leva a nada – na verdade, pode causar danos emocionais. Um estudo recente descobriu que pacientes com câncer de mama que se culpavam por suas doenças relataram mais variações de humor e pior qualidade de vida do que aquelas que não se culpavam.

É normal imaginar que você causou sua própria doença, declara Jessie Gruman, autora do livro *AfterShock: What to Do When the Doctor Gives You – or Someone You Love – a Devastating Diagnosis*. Isso é especialmente comum entre perfeccionistas. Jessie descreve alguns exemplos de como a culpa pode se manifestar nos dias seguintes ao diagnóstico:

> *Muitas pessoas passam horas pensando sobre seu comportamento passado para entender o que causou a doença. Com frequência são auxiliadas por membros da família e amigos na tentativa de chegar a uma explicação para o rápido desenvolvimento da doença. "Sei que eu devia ter feito aquela colonoscopia"; "Tenho certeza de que esta doença apareceu porque andei deprimida e com raiva durante muito tempo"; "Fumei durante 30 anos"... Tais especulações sobre a causa de uma doença têm origem exatamente na necessidade humana de ver o mundo como um lugar que é governado por leis racionais. Se você puder identificar algo que fez para causar a doença, isso confirma que a situação é previsível e, como consequência, que o mundo é previsível – em oposição ao acaso, como parece agora. Outras pessoas, ao identificar causas comportamentais, conseguem se convencer de que podem evitar seu destino.*

Por mais estranho que pareça, uma perfeccionista pode sentir que está em território emocional familiar quando se culpa por sua doença. Por quê? Por duas razões. Em primeiro lugar, a maioria das perfeccionistas está de tal modo habituada a se culpar por qualquer coisa que é uma reação natural quando algo dá errado. Em segundo lugar, se ela pode se culpar, o mundo lhe parece mais seguro – perfeccionistas odeiam não ter o controle e detestam saber que o destino pode trazer imprevistos contra os quais elas não podem fazer nada.

Para perfeccionistas, adoecer depois de fazer tudo "certo" é algo que realmente faz seu castelo de cartas desmoronar. Elas começam a questionar tudo em seus mundos. Consideram-se culpadas. No entanto, culpar a si mesma é uma atitude destrutiva. Corrói os sentimentos de autoestima, que em geral já são frágeis em perfeccionistas. Pode impedir que você tome decisões responsáveis relacionadas ao seu tratamento. Por fim, culpar a si mesma desencoraja seu espírito e reduz suas chances de ser feliz e de aceitar a doença e o tratamento. Como escreve Jessie Gruman:

> *A questão mais importante neste momento não é como você pode ter contribuído para a doença, mas, ao contrário, o que fazer agora que tem conhecimento dela. Seu comportamento passado pode ter influenciado sua saúde, porém isso é irrelevante para o desafio à sua frente: como tomar decisões sobre atendimento médico e suas responsabilidades diárias para conter ou minimizar o impacto da doença sobre sua vida?*

Ainda que seu estilo de vida tenha contribuído para a sua doença, você não pode desperdiçar energia se recriminando por isso, porque precisa dela para combater a doença. Esqueça o passado e pergunte a si mesma o que pode fazer para assumir o controle no presente.

Se você é saudável e tem medo de adoecer, tente pensar sobre seus temores de uma maneira racional. A maioria das pessoas não desenvolve problemas sérios de saúde enquanto são jovens. E as que desenvolvem, acabam se adaptando. Pessoas saudáveis acreditam que portadores de doenças têm qualidade de vida ruim. A verdade é que, após um período inicial de angústia, a maior parte das pessoas retorna ao seu nível de alegria pré-doença e sua qualidade de vida é boa.

PRATIQUE A GRATIDÃO ATIVA

Você pode praticar a gratidão ativa mesmo quando está enfrentando problemas de saúde. Passe algum tempo todos os dias pensando sobre o que *não* está errado com você. Enquanto estiver escrevendo seu diário de gratidão, mencione o que está dando *certo* com seu corpo. Pense em como é fácil respirar quando não se tem um resfriado, como é maravilhoso quando não sente dor no seu joelho problemático, como você pode pensar com clareza quando não está com dor de cabeça, como fica despreocupada quando passam semanas sem que sinta cólicas menstruais rotineiras. Olhe-se no espelho e celebre o fato de que hoje não há nenhuma espinha no seu rosto e seu cabelo ficou bom. Tudo pode desmoronar amanhã, portanto aproveite, divirta-se e seja grata pelo que está acontecendo de bom hoje.

Praticar a gratidão ativa funciona até para quem tem limitações físicas, doenças crônicas ou outros problemas de saúde. Conversei com mulheres que venceram a luta contra o câncer de mama depois da mastectomia e que praticam a gratidão ativa apreciando a beleza do seio remanescente. Ou expressam gratidão pela cicatriz porque ela é um sinal físico de seu triunfo sobre a doença – a cicatriz de uma batalha, por assim dizer. Do mesmo modo, uma amiga que tem alergia a um alimento faz questão de apreciar todas as comidas que *pode* comer. Ao praticar a gratidão ativa, você pode começar o processo de desviar sua atenção de falhas e direcioná-la para todos os pontos positivos de seu corpo.

AGARRE-SE À SUA SEXUALIDADE

No momento estou tratando de uma jovem com uma doença séria que lhe causa dor extrema em todas as articulações e reduz sua capacidade de locomoção. Quando recebeu o diagnóstico, pensou que sua vida sexual tinha acabado. Conversei com ela e a ajudei a compreender que simplesmente porque alguém tem uma doença crônica não significa que vá deixar de ser uma pessoa sexualmente ativa. Ainda há muitas coisas que ela e o marido podem fazer juntos. Sexo não se restringe à relação sexual. Use a imaginação, seja criativa e divirta-se quanto puder.

PERCEBA QUE VOCÊ É MAIS FORTE DO QUE IMAGINAVA

Há alguns anos conheci uma mulher cuja mãe morreu em decorrência de câncer de mama. Ela tinha pavor da possibilidade de desenvolver a doença. Esse temor era como uma nuvem pesada que pairava sobre sua vida. Ela acabou tendo câncer de mama. Quando terminou o tratamento, me contou que estava aliviada. Durante a vida inteira tivera medo de ter câncer e achava que, se recebesse um diagnóstico da doença, com certeza desmoronaria. Mas ela contou que não foi tão ruim quanto pensava. O que quero dizer não é que o tratamento de câncer seja fácil – com certeza não é. No entanto, se você precisa enfrentar um diagnóstico difícil ou um tratamento extenuante, tenha fé em sua habilidade para lidar com a situação.

CAPÍTULO 6

Conviva com a poeira acumulada nos cantos

Sua casa deve ser um paraíso – um lugar tranquilo e confortável onde você consiga deixar as preocupações de lado e relaxar.

Para as mulheres perfeccionistas, no entanto, a casa pode ser uma fonte de estresse em vez de um lugar de descontração. Cada grão de poeira, cada copo sujo, a cama por fazer são imperfeições flagrantes, inevitáveis. Você anseia por calma e serenidade, mas o estresse causado por pelo de cachorro no tapete, manchas de dedos nas paredes, uma crosta de sujeira no forno e folhas no jardim podem transformar sua casa em um gigantesco poço de ansiedade. Durante milhares de anos a casa ofereceu proteção, mantendo as famílias aquecidas e abrigadas do vento e da chuva. A mulher das cavernas não precisava ter cortinas que combinassem com o sofá – a casa era um abrigo, não um lugar de exibição.

O perfeccionismo em casa coloca você bem no centro de um círculo vicioso. Você espera encontrar paz e ordem, mas não consegue relaxar enquanto a lava-louças não estiver vazia e o lixo não for levado para fora. Por mais que você trabalhe, a lista de coisas por fazer não acaba. Quanto mais você persegue a meta inatingível de perfeição em casa, mais estressada fica.

A cultura de nossa mãe

Grande parte de nosso problema é que estabelecemos para nós mesmas expectativas que faziam sentido há 50 anos, mas que realmente não se enquadram em nossas vidas hoje. Arlie

Russell Hochschild, autora do livro *The Second Shift*, especula que mulheres modernas trabalham febrilmente para se manterem conectadas com "culturas domésticas" obsoletas e inadequadas do passado: "Mulheres de todas as classes sociais e em todo tipo de emprego deparam com um problema comum: como preservar a cultura doméstica de minha mãe e de minha avó na era da jornada de trabalho integral das nove às cinco ou das oito às seis?" (Ou das oito às oito!) Arlie acredita que as mulheres se mantêm fiéis aos seus ideais domésticos ultrapassados gastando a primeira metade do dia no trabalho fora e a outra em casa. "Nos fins de semana e feriados, a maioria das mulheres que trabalham fora se transforma em dona de casa", escreve ela. As mulheres travam uma batalha que muitas vezes perdem para "levar em frente uma cultura doméstica" – uma cultura de preparar toda a comida em casa e costurar as fantasias que os filhos vão vestir na próxima festinha.

O orgulho complica ainda mais as coisas. A casa é um reflexo dos donos – e se a sua não tem boa aparência, reflete-se mal em você, mais do que em seu marido ou seus filhos. Assim, se a pintura está lascada e a mobília empoeirada, se as visitas precisam empurrar para o lado pilhas de revistas velhas para encontrar um lugar para sentar, não há como evitar que esse aspecto ruim se reflita em você. "Se minha casa está uma bagunça", a perfeccionista diz a si mesma, "também devo estar". E se há uma coisa da qual nós, perfeccionistas, não gostamos, é bagunça. Por isso, o perfeccionismo gera mais trabalho em casa do que em quase todos os outros lugares.

Mulheres que trabalham fora estão particularmente propensas a batalhas perfeccionistas em casa. Pesquisas mostraram que quando a mulher média compara sua casa com outras, ela a compara com a casa de sua mãe ou a de amigas que não trabalham fora. Essa base de comparação pode ser injusta, uma vez que a maioria das mulheres com emprego tem menos tempo para cuidar da casa do que as que não saem para trabalhar.

Tudo se resume, no fim das contas, ao controle. Quanto mais uma mulher sente estar fora de controle em outro lugar, mais controle ela tenta exercer em casa. Talvez não consiga controlar o trabalho, o marido, os filhos, a saúde, mas terá certeza de que não há pelo de gato nos estofados. Quando uma mulher atravessa o limiar entre manter a casa relativamente limpa e obsessivamente limpa, precisa analisar o que mais está acontecendo em sua vida para descobrir se há um problema maior que a está deixando tão preocupada com a limpeza da casa.

Perguntamos a mulheres: como o perfeccionismo afeta sua maneira de cuidar da casa?

Não consigo sair de casa e deixar louça na pia. Preciso ter um pouco de ordem. Posso ter pilhas de revistas ao lado da cama, mas não consigo ver louça por lavar ou roupa suja espalhada pelos cantos. Todas as manhãs eu arrumo a cama e digo a mim mesma: "Você não precisa fazer isso. Simplesmente bata a porta e saia." Mas não consigo.

Elizabeth

Fico menos estressada quando me organizo. Meu marido ri quando corro de um lado para outro recolhendo brinquedos no fim da noite. Ele pergunta por que simplesmente não relaxo e leio o jornal. Mas me sinto melhor quando tudo está organizado, a geladeira abastecida, a lista do supermercado pronta. Não consigo tirar uma soneca – estou sempre pensando nas coisas que precisam ser feitas.

Denise

Desordem é uma coisa que me deixa maluca. Não suporto bagunça. Minha casa é muito limpa e bem-arrumada. Tudo é muito organizado. Faço isso por mim mesma. Não me preocupo com os outros.

Laura

Durante anos, me recusei a receber convidados para jantar se não achasse que tudo estava perfeito – a casa, a comida e tudo mais. Se a situação não estivesse sob controle, eu não recebia ninguém, não preparava uma refeição, por mais simples que fosse. Isso com certeza afetava minha vida social.

Linda

Fico tão preocupada em deixar a casa perfeita nos fins de semana que muitas vezes me esqueço de "encaixar" algum lazer no limitado tempo livre que tenho com meu noivo. Preciso começar a incluí-lo nos meus planos de fim de semana. Ainda assim, fico muito feliz quando vejo que concluí as tarefas que listei.

Janet

Técnicas que você pode usar

A boa-nova é que as técnicas mente-corpo funcionam com tanta eficácia em casa quanto em qualquer outro lugar. Se quiser parar de se estressar com a casa e começar a desfrutá-la, você consegue. Largue o pano de limpeza, acomode-se na cama ainda por fazer e leia um bom livro.

REEXERCITE O CÉREBRO

O que você anda dizendo a si mesma sobre sua casa? Quais críticas invadem sua cabeça enquanto você cozinha, limpa ou recebe convidados? Quais distorções cognitivas se enraizaram em seus pensamentos automáticos?

De todas as distorções cognitivas, as que parecem se manifestar com mais frequência entre mulheres perfeccionistas com relação às suas casas são: filtro mental, desqualificação do positivo, busca de aprovação, pensamentos do tipo "ou tudo ou nada" e cobranças excessivas a si mesmas. Aqui vão alguns exemplos:

- **Distorção:** Filtro mental
  Exemplo: Você prepara um enorme jantar para 12 pessoas. Esquece os pãezinhos no forno e eles queimam. Todo o restante está fantástico, mas você considera o jantar um fracasso só porque os pãezinhos queimaram.
  Diga a si mesma: "Pense em todos os carboidratos que meus convidados deixaram de ingerir porque não servi os pãezinhos."

- **Distorção:** Desqualificação do positivo
  Exemplo: Uma vizinha comenta que sua casa é muito bonita e você pensa: "O que ela entende disso? Sua casa está sempre uma bagunça."
  Diga a si mesma: "Que bom que ela reparou. Talvez use minha casa como inspiração."

- **Distorção:** Busca de aprovação
  Exemplo: Você está reformando a cozinha e, embora prefira móveis de carvalho, está considerando encomendá-los em cerejeira porque uma amiga disse que os de carvalho são cafonas.
  Diga a si mesma: "Quem vai usar a cozinha, minha amiga ou eu? Devo escolher o que gosto. Além disso, outras amigas podem não aprovar a cerejeira, então por que simplesmente não escolher o que me agrada?"

- **Distorção:** Pensamentos do tipo "ou tudo ou nada"
  Exemplo: Quando vê uma poeirinha na mesa, você pensa: "Minha casa está imunda. Sou muito relaxada."
  Diga a si mesma: "Eu não diria isso a uma amiga. Por que dizer a mim mesma? Mereço ser tratada com mais consideração."

- **Distorção:** Fazer cobranças excessivas a si mesma
  Exemplo: Você pensa: "Eu deveria conseguir manter a casa limpa e em ordem o tempo todo. Ela nunca deveria estar desarrumada."
  Diga a si mesma: "Talvez minha casa esteja desarrumada, mas pelo menos está limpa."

Quando pensar em suas tendências perfeccionistas em casa, atenção ao que diz a si mesma. Anote o que pensou em seu diário. Quando tiver identificado seus pensamentos automáticos, coloque-os à prova usando as estratégias de reestruturação cognitiva do Capítulo 2. Pergunte-se: quais são os pensamentos e as expectativas que me causam estresse? Eles são necessários? Como posso reestruturar os pensamentos de modo a me sentir menos estressada?

PERGUNTE-SE: VALE A PENA?

Essa estratégia funciona para todos os tipos de pensamento perfeccionista, mas é particularmente eficaz em casa, porque nossas ações têm grande impacto nas pessoas com as quais vivemos. O problema com as perfeccionistas é que sempre pensamos que estamos certas e nunca fazemos uma pausa para refletir que há outros modos além dos nossos que podem funcionar muito bem.

Registre em seu diário uma lista dos benefícios de ser perfeccionista. Depois, relacione os benefícios que teria se você não fosse tão rígida em seus padrões. Veja um exemplo:

Alguns dos benefícios de ser perfeccionista em casa:

- A casa está sempre perfeita quando chega uma visita.
- Adoro minha casa – ela é bonita, organizada e limpa.
- Quando as pessoas jantam na minha casa, ficam impressionadas com a comida.
- Quando tudo está do jeito que gosto, minha casa atende minhas expectativas de como um lar deve ser.

Alguns dos benefícios de você afrouxar um pouco os padrões perfeccionistas em casa:

- Eu teria mais tempo para gastar comigo e com meu parceiro, com meus filhos e amigos, se perdesse menos tempo nas tarefas domésticas.

- Eu poderia dormir mais cedo se não me preocupasse tanto com a limpeza no fim do dia.
- As manhãs seriam menos agitadas se eu não insistisse em arrumar todas as camas com perfeição.
- Receber visitas seria mais agradável – e eu o faria com mais frequência –, se eu não insistisse em servir uma refeição preparada por mim etapa por etapa.
- Meu parceiro e eu discutiríamos menos.

Após fazer sua lista de prós e contras, pergunte-se o que é mais importante. Compare cada ponto e defina as prioridades. Por exemplo, o que é mais importante: lavar a louça à noite ou ter meia hora a mais de sono? Desfrutar um jantar é mais importante que impressionar seus convidados com refeições sofisticadas? Somente você pode responder a essas perguntas. E sem dúvida vale a pena respondê-las, porque você se sentirá menos estressada, ainda que consiga encontrar apenas poucas maneiras de reduzir suas expectativas perfeccionistas em casa.

Considere o impacto que seu perfeccionismo tem sobre os outros quando fizer a análise do custo-benefício. O perfeccionismo pode trazer muita tensão a uma família, sobretudo quando tanto pessoas que têm essa característica quanto as que não têm moram sob o mesmo teto. O perfeccionismo caminha lado a lado com crítica, prepotência, irritação e raiva. Reduzir o domínio do perfeccionismo pode ajudá-la e à sua família a sentir-se melhor e aproveitar mais a vida.

Quando meu filho estava na escola, pediram às crianças que escrevessem sobre suas famílias. Jamais esquecerei o que meu filho escreveu: "Meu pai joga futebol comigo e minha mãe prepara o jantar." Quando li a frase, pensei que talvez eu devesse jogar futebol também e encomendar uma pizza, em vez de perder tempo preparando o jantar.

Susan

Vamos encarar os fatos: é muito bom quando a casa está limpa e arrumada. Ultimamente, tenho andado desesperada para botar ordem na minha, que virou um verdadeiro caos desde que minha mãe morreu e herdei metade de suas bugigangas. Arrumo um cômodo de cada vez e, devo dizer, quando entro em um que já está organizado, me sinto ótima. Será uma sensação de calma? Orgulho? Controle? O fim da angústia? Provavelmente é um pouco de cada coisa.

Não gosto de desordem. É bom conseguir encontrar o que se quer com facilidade. Mas às vezes preciso colocar as necessidades de minha família ou as minhas em primeiro lugar. Quando o tempo é curto e estou tensa e posso escolher entre arrumar a despensa e botar os pés para cima e ler um livro, eu deveria optar pelo livro, embora eu adore ver a despensa mais organizada. Há dias em que preciso de uma trégua mais do que de uma casa bem-arrumada.

Não estou dizendo que você deve deixar sua casa virar um verdadeiro caos, mas sugiro que faça escolhas conscientes em vez de apenas fazer o trabalho de casa automaticamente. É ótimo organizar a despensa, mas se você teve um dia longo e precisa de um banho quente, deixe a arrumação para uma outra hora.

A seguir, alguns sinais de que você precisa se esforçar mais para priorizar suas necessidades em relação às da casa:

- Você prepara um bolo às 10 da noite, na volta de uma viagem de negócios de três dias.
- Você marca seu jantar festivo anual para duas semanas após ser submetida a uma cesariana – com o mesmo número de pratos que serviu no ano anterior, todos preparados por você mesma.
- Seus filhos perguntam por que você gasta tanto tempo para deixar tudo limpo para a faxineira.

Aqui vai uma sugestão de como se colocar em primeiro lugar enquanto faz o serviço de casa: convide uma amiga para ajudá-la. Eu mesma fiz isso pouco tempo atrás. Uma velha amiga veio me visitar e passamos o dia organizando minha sala de TV. Concluímos a tarefa enquanto conversávamos, lembrando o passado e tomando chá. Fiz a maior parte da arrumação, mas tê-la ao meu lado para bater papo enquanto eu trabalhava tornou a tarefa muito mais fácil. Quando minha amiga precisar de ajuda na casa dela, ficarei feliz em retribuir o favor porque sei que teremos mais um dia divertido.

O trabalho de casa toma tempo, como se sabe. O tempo que você gasta com expectativas fora da realidade é tempo que você deixa de passar com amigos, família, em que deixa de se divertir, dormir, estudar, refletir, fazer sexo, se exercitar, meditar, ir ao cinema, ler e tantas outras atividades prazerosas. Mais uma vez, não estou sugerindo que você deixe sua casa de lado, mas espero que comece a se dedicar mais às suas necessidades e um pouco menos às da casa.

SAIBA DE ONDE VÊM SUAS EXPECTATIVAS PERFECCIONISTAS

Um passo importante para ajustar suas expectativas perfeccionistas em casa é compreender de onde vêm as sensações. A maioria de nós carrega na mente uma imagem de como nossa casa deveria ser. Essa imagem tem muitas influências, em primeiro lugar de nossas mães, de nossas famílias, dos amigos e dos meios de comunicação. A imagem que você cria vem de onde?

Reflita sobre como sua família a influenciou. Seus pais eram perfeccionistas? Eram relaxados? E a família de seu parceiro? O simples fato de compreender e aceitar essas influências pode ajudar.

É também útil entender qual tipo de perfeccionismo (ou a ausência dele) se esconde no passado de seu parceiro.

Cresci com uma mãe não perfeccionista, que foi criada em uma família saudável cheia de empregados na Alemanha pré-Hitler. Quando fugiu de seu país, quase sem um tostão no bolso, e foi para os Estados Unidos, tinha pouco interesse em manter uma casa perfeita. Meu pai, por outro lado, era uma pessoa de extremo capricho. Essa discrepância causou conflito entre eles. Embora eu estivesse mais próxima de minha mãe que de meu pai, sou mais como ele no que se refere a desarrumação, porque sou muito menos tolerante com a bagunça do que minha mãe era.

Sempre acho interessante perguntar a perfeccionistas qual o grau de perfeccionismo de suas mães. Na maioria das vezes uma pessoa com essa característica tem mãe muito caprichosa e organizada, ou muito bagunceira e desorganizada. Seguimos o exemplo de nossas mães ou tomamos a direção oposta. As perfeccionistas não costumam surgir de um terreno intermediário. Fico surpresa com a frequência com que encontro pessoas muito bem organizadas que crescem em casas desleixadas e vice-versa. Isso me faz lembrar de rebeldia adolescente.

Reconhecer a origem de suas expectativas perfeccionistas em casa é útil porque lhe dá discernimento e mostra a você que é preciso mudar.

REGISTRE A PERGUNTA EM SEU DIÁRIO: "POR QUE ESTOU AGINDO ASSIM?"

Escreva em seu diário sobre seus sentimentos perfeccionistas com relação à casa. Por que quer uma casa absolutamente perfeita? Tem certeza de que é assim mesmo que quer viver? Você de fato precisa que cada cantinho esteja imaculado? É dessa maneira que quer gastar seu tempo? Se suas visitas a julgam pela limpeza do chão da cozinha, você não estará perdendo seu tempo com as pessoas erradas? É esse o melhor modo de cuidar de si mesma?

Se você não trabalha fora, pergunte-se se acha necessário manter sua moradia impecável e linda para justificar o fato de que fica em casa. A culpa está alimentando seu perfeccionismo? Se estiver, repensar e reestruturar seus pensamentos poderá lhe fazer muito bem.

PRIORIZE AS TAREFAS QUE QUER FAZER

Em toda casa, há um milhão de tarefas, da arrumação das camas à retirada do lixo. Algumas precisam ser feitas – manter a cozinha limpa e segura, por exemplo. Se estiver descongelando um frango, você não vai deixar a água do degelo escorrer pela bancada e se espalhar pelo chão, onde seu filho que ainda engatinha poderia lambê-la. A higiene dos banheiros também é muito importante – ninguém gosta quando eles cheiram mal. Essas são tarefas que você *precisa* fazer.

Depois, existem as tarefas que você *quer* fazer, entre as quais a arrumação das camas e a colocação de cortinas que combinem com o sofá.

Perfeccionistas tendem a incluir as tarefas que *querem* fazer na lista das que *precisam* ser feitas. Um modo importante de se liberar das garras do perfeccionismo é estabelecer limites bem definidos entre o que precisa e o que quer fazer. Você precisa tirar o lixo. Mas não precisa organizar os potes de tempero em ordem alfabética.

Isso não quer dizer que não deve executar as tarefas que quer executar. Se tiver tempo e elas a deixarem feliz, vá em frente. Mas devem ser as primeiras a ser colocadas de lado quando você estiver tensa e sobrecarregada.

Após separar as tarefas que você precisa fazer das que quer fazer, observe com atenção a segunda lista. Dedique algum tempo à organização dos itens em ordem de prioridade. O que é mais importante para você? Na minha casa, o item número um na lista do que quero fazer é a arrumação das camas. Fui criada por um pai russo muito meticuloso. Não saíamos do quarto antes que as camas estivessem feitas. É realmente muito importante para mim que as camas estejam sempre arrumadas. Também não gosto de deixar louça suja, por isso antes de me deitar quero ter certeza de que a pia está vazia, embora desde que comecei a trabalhar neste livro o mais provável é que a deixe cheia de louça até a manhã seguinte. Mas não me preocupo em passar o aspirador de pó nem em preparar comidas sofisticadas para o jantar. Faço essas coisas quando tenho tempo, mas se não tiver, sei qual deve ser meu foco: as tarefas que preciso executar e as primeiras da listas das que quero realizar. Com o tempo você percebe que começa a se despreocupar.

Ao preparar suas listas, tente evitar a busca de aprovação. Separe as tarefas que faz porque são importantes para você e sua família daquelas que você faz para satisfazer, impressionar ou receber a aprovação dos outros.

Se continuar a insistir em alguma coisa – digamos que você prometa a si mesma que gastará menos tempo na limpeza da garagem, mas continua a limpá-la, de todo modo –, tente se dar permissão por escrito para deixar de fazê-lo. Escreva a permissão em um pedaço de papel, assine e pendure-a em um lugar onde possa vê-la com frequência. Às vezes esse tipo de deliberação e ênfase pode ser muito útil.

CUIDADO COM AS COMPARAÇÕES

É da natureza humana: você está feliz com o que tem até ver que alguém tem algo melhor. É normal comparar, mas insisto que a comparação deve ser feita com cautela. Se você tem filhos e trabalha fora e compara sua casa com a de uma mulher que não trabalha fora ou que tem filhos crescidos, é muito grande a possibilidade de que sua casa não se compare com a dela. Comparar a sua casa com a de sua mãe, de sua irmã, ou de suas amigas é um convite à insatisfação e à contrariedade.

PAGUE O PREÇO

Se você tem uma tarefa doméstica que a deixa contrariada, pense em contratar alguém para realizá-la. Nesse caso, pagar alguém para fazê-lo pode aumentar significativamente sua qualidade de vida. Se limpar a casa a deixa exasperada, talvez seja interessante pagar alguém para fazer durante algumas horas, a cada 15 dias, o trabalho que mais detesta, como limpar o banheiro ou esfregar o chão. Pode ser necessário sacrificar alguma coisa para pagar a faxineira – eu, por exemplo, abriria mão de praticamente qualquer coisa para não precisar limpar o banheiro. Um pequeno auxílio pode ser muito importante e pode até ajudar a manter um casamento.

LEMBRE-SE: NINGUÉM ESTÁ CONTROLANDO

Perfeccionistas tendem a pensar que as visitas prestam atenção em cada grão de poeira sobre os móveis ou na mesa desarrumada. Uma de minhas pacientes admitiu que se houvesse louça suja na bancada da cozinha quando alguma amiga chegava sem avisar, ela não abria a porta. A verdade é que as pessoas não reparam e, se reparam, não dão importância. As visitas veem muito menos do que imaginamos. Se perceberem os fios de espaguete grudados no fogão, provavelmente não a julgarão por isso – e se o fizerem, deveriam se envergonhar de ser tão rudes. Que tipo de amiga passa a ter menos consideração por você (e faz algum comentário) se enxergar teias de aranha no teto? Ninguém precisa de amizades desse tipo.

As pessoas às vezes sentem-se *mais* confortáveis na sua casa se ela estiver um pouco desorganizada. Sinto-me muito mais à vontade nas casas de outras pessoas quando elas não estão tão arrumadas, porém limpas. Esse tipo de casa dá a impressão de ter vida e parece convidativa. Detesto ir a casas onde tenho medo de me mexer, ainda mais quando estou com as crianças.

Quando nos mudamos para nossa casa, meu marido e eu tomamos uma decisão: não haveria *bens* na casa que fossem mais importantes do que as *pessoas* dentro dela. Ainda uso descanso para copos? Claro que sim. Mas se alguém derramar bebida no carpete, qual é o problema? É apenas um carpete. As pessoas importam mais que os objetos. Os relacionamentos que temos na vida são mais importantes que nossos móveis.

Se você é perfeccionista em sua casa, examine sua autoestima, veja como se julga e como acha que os outros a julgam. Está se escondendo atrás de uma casa perfeita e usando-a para mascarar um problema na família?

PARTILHE O TRABALHO

O trabalho doméstico é um dos maiores motivos de briga entre casais. As mulheres dizem que os homens não ajudam. Os homens dizem que as mulheres os criticam quando eles ajudam. Elas dizem que eles levam horas para concluir uma tarefa simples. Eles dizem que elas esperam demais. E por aí vai.

As formas como homens e mulheres lidam com o trabalho doméstico são diametralmente opostas. "Homens e mulheres pensam de modo diferente, lidam com os problemas de modo diferente, dão importância às coisas de modo diferente e vivem o mundo ao seu redor através de filtros inteiramente diferentes", afirma Marianne J. Legato, autora do envolvente livro *Por que os homens nunca lembram e as mulheres nunca esquecem.*

Por exemplo, em virtude do modo como seus cérebros são programados, as mulheres reagem a estressores (como uma casa desarrumada) de modo muito mais drástico que os homens, declara Marianne. Por isso é que, cinco minutos antes da chegada dos convidados, seu marido consegue assistir tranquilamente a uma partida de futebol enquanto você corre de um lado para o outro envolvida com os últimos preparativos. O corpo feminino libera um hormônio que nos motiva a fazer e preservar conexões sociais – motivo pelo qual é tão importante para nós (e menos importante para nossos maridos) levar para uma festa um bolo que nós mesmas preparamos em casa.

As mulheres percebem detalhes que os homens deixam escapar e se lembram melhor deles. Quando há uma pilha de roupa suja jogada no chão do quarto, é mais provável que as mulheres, e não os homens, reparem nela, se irritem com ela e se lembrem de que ela continua lá. Para mim foi realmente útil saber disso, porque eu costumava me irritar com meu marido quando ele passava ao lado de uma pilha de jornais ou brinquedos e parecia não percebê-la. Agora entendo que ele não está sendo relaxado porque quer – ele simplesmente não nota essas coisas. E entendo que eu deva pedir "Por favor, pegue os copos da mesa de café e os ponha na lava-louças", porque aqueles copos são invisíveis para ele. É contraproducente assumir que homens e mulheres têm os mesmos padrões domésticos – é muito melhor reconhecer as diferenças e lidar com elas.

Isso faz sentido de um ponto de vista evolucionário – no tempo em que os homens caçavam búfalos e as mulheres tomavam conta da caverna, as diferenças de gênero ajudavam a manter as pessoas vivas. Os homens estavam condicionados a sair e encontrar comida – toda a sua atenção estava concentrada em capturar e matar o búfalo – e os que conseguiam sobreviviam. Por outro lado, as mulheres que sobreviviam eram as que conseguiam permanecer no território em que viviam e ao mesmo tempo tomar conta dos filhos, coletar nozes e frutas silvestres, preparar as refeições, limpar a caverna e criar vínculos com as outras mulheres. Os homens que viviam mais tempo e passavam adiante seus genes eram orientados para uma única tarefa. As mulheres que sobreviviam, o faziam porque conseguiam desempenhar tarefas múltiplas.

Homens e mulheres de hoje ainda têm um pouco das características que permitiram aos seus ancestrais sobreviver, mas no mundo moderno essas tendências às vezes dificultam a coexistência pacífica entre eles.

Só porque homens e mulheres reagem de maneiras diferentes às tarefas domésticas não quer dizer que um casal não possa trabalhar junto. "A simples compreensão das diferenças entre os gêneros nos permite celebrar essas diferenças e não entrar em choque com elas", afirma Marianne. "Cada sexo tem algo de valioso a oferecer." Estudos mostram que, em razão de peculiaridades de seus cérebros, as mulheres são melhores na execução de tarefas múltiplas e os homens são melhores quando se concentram em uma única tarefa do início ao fim.

Conheci muitos casais que imaginaram modos de desempenhar juntos uma tarefa doméstica. Aqui vão algumas dicas.

PREPARE UMA LISTA COM A DIVISÃO DE TAREFAS

Só porque seu marido não percebe que a casa está suja e desarrumada não significa que ele não precisa ajudar a limpá-la. Ele ainda assim precisa fazer a parte que lhe cabe. Descobri que a melhor forma de conseguir isso é preparar uma lista com a divisão de tarefas. Sugiro aos casais que relacionem por escrito o que precisa ser feito e depois dividam as atividades. Para conseguir uma lista eficaz, cada um deve ficar com um bloco e uma caneta à mão durante duas semanas e anotar todas as tarefas que um e outro fazem. Depois é só decidir o que cada um fará.

Em geral há coisas que chateiam um mas não o outro e tarefas que um não se incomoda de fazer e o outro despreza. Detesto retirar o lixo, por exemplo, mas meu marido não se incomoda com isso. Ele não suporta lavar a louça, tarefa que para mim não é problema. Se dividirmos as tarefas de modo ordenado e consistente, cada um saberá o que deve fazer. Quando há louça para lavar, sei que a responsabilidade é minha. Quando o lixo começa a acumular, sei que é dele.

Quando discutir o trabalho doméstico com seu marido, assegure-se de que vocês dois saibam *quando* as tarefas precisam ser feitas – não tome como certo que ele pensa nas coisas exatamente como você.

Anotar todas as tarefas que os dois fazem pode ser um modo útil de avaliar a colaboração de cada um. Às vezes tenho a impressão de que faço tudo na minha casa, mas quando penso de fato no que meu marido faz, vejo que é mais do que costumo perceber.

Em alguns casais o marido é mais perfeccionista com relação à casa do que a esposa. Dei aconselhamento a casais desse tipo – muitas vezes a mulher relata que o marido a critica e se queixa de que a casa está desarrumada. Minha resposta é: "Tudo bem, companheiro, pegue o aspirador e comece a colaborar."

CUIDADO COM O EXCESSO DE CRÍTICAS

Se você vai dividir o trabalho de casa com seu marido, precisa aprender a se conter e deixá-lo executar ao seu modo as tarefas que lhe cabem. Eu sei, é difícil. Você talvez precise segurar a língua para evitar corrigir seu marido enquanto ele dobra as toalhas de qualquer jeito. Se você quer que ele ajude e seja mais participativo, precisa encontrar uma forma de deixar que ele trabalhe do jeito que *ele* acha melhor – a reestruturação cognitiva é uma ótima técnica a ser usada nessas situações. Lembre-se de que não faz mal que as toalhas fiquem um pouco amassadas. Se você o criticar o tempo todo, ele ficará aborrecido e frustrado e você acabará fazendo tudo sozinha.

Tenha em mente que a sua maneira não é necessariamente a melhor ou a única de fazer alguma coisa. Mulheres preparam jantares de modo a ter tudo pronto ao mesmo tempo. Homens preparam o frango e só depois que ele está pronto começam a cozinhar o arroz. De um modo ou de outro, no entanto, os filhos são alimentados. Um bebê que usa uma blusinha listrada com um short xadrez não adoecerá por causa disso. Portanto, relaxe.

PEÇA AJUDA SE COMEÇAR A ULTRAPASSAR OS LIMITES

Se você se considera obsessiva em relação à sua casa, talvez possa se beneficiar de uma terapia cognitivo-comportamental ativa. Perfeccionismo excessivo em casa pode ser sinal de problema em algum outro aspecto de sua vida.

Você deve procurar terapia?

Alguns problemas são grandes demais para serem enfrentados sozinhos. Se você acha que está realmente lutando contra questões emocionais, pense em se consultar com um terapeuta. Sou suspeita para falar em terapia – afinal de contas, sou terapeuta. Mesmo assim, acredito que há momentos na vida em que conversar com um especialista pode fazer muito bem. Isso a forçará a examinar seus padrões de pensamento e comportamento através dos olhos de outra pessoa.

Há vários tipos de terapeuta. Os cognitivo-comportamentais, como eu, focam em pensamentos e comportamentos. Ajudamos pacientes a reconhecer e reestruturar padrões de comportamento mal adaptados e distorções cognitivas. A terapia cognitivo-comportamental é muito eficaz para distúrbios de humor como depressão e ansiedade e menos eficaz para tratar distúrbios de personalidade, doença bipolar e esquizofrenia.

Alguns pacientes precisam de medicação durante a terapia, outros se dão bem sem ela.

Para encontrar um terapeuta qualificado, peça uma indicação ao seu clínico geral. Outras referências podem ser obtidas nos departamentos de psicologia de hospitais e na Associação Brasileira de Psicoterapia e Medicina Comportamental (ABPMC).

Sinta-se à vontade para conversar com um terapeuta por telefone antes de marcar uma consulta. Cinco minutos de conversa bastam para que você consiga identificar se a personalidade e o método do terapeuta combinam com o que você está buscando. As pessoas falam comigo por telefone o tempo inteiro. Sou uma terapeuta muito tagarela e isso funciona para algumas pacientes, embora afaste outras.

A química é crucial. Há pouco tempo tratei de uma paciente nova que me contou, após a primeira consulta, que eu lhe dera mais discernimento em 50 minutos do que sua terapeuta anterior em quatro anos. Não que eu seja melhor terapeuta, apenas nos entrosamos muito bem. Tive a impressão de que realmente a compreendia. O contrário acontece, também – não é tão raro atender uma paciente e a gente simplesmente não se entrosar. Quando isso acontece, não vejo problema se ela quiser procurar um terapeuta diferente.

Por fim, lembre-se de que um terapeuta muito conhecido não é necessariamente o profissional certo para você. Alguém que foi entrevistado na televisão, citado no jornal ou que escreveu um livro pode não ser um grande terapeuta – só porque os meios de comunicação pensam que o profissional é bom não significa que de fato seja. Ainda que um terapeuta venha altamente recomendado por uma pessoa amiga, talvez ele não seja adequado para você. O estilo pessoal desempenha um papel muito importante no relacionamento terapeuta-paciente. Se os estilos de ambos forem conflitantes, sua terapia pode ser menos eficaz. Reflita muito antes de tomar decisão tão importante.

CAPÍTULO 7

Encontre prazer no trabalho

Meu emprego exige que eu dê muitas palestras. Às vezes minhas amigas riem de mim porque fico estressada com antecedência, ainda que tenha condições de fazer essas apresentações até dormindo. Mas não quero cometer erros. Quero que tudo saia perfeito – quero ter resposta para todas as perguntas e ser bem clara ao respondê-las. Se não sei como responder a determinada questão ou não respondo com bastante clareza, acabo me recriminando.

A empresa onde trabalho está lançando um novo processo de avaliação chamado avaliação 360. Todas as 70 pessoas que trabalham sob meu comando vão me avaliar. Faço um bom trabalho, mas reconheço que também cometo erros. Morro de medo do que as pessoas dirão de mim. Sei que elas gostam de trabalhar comigo – bem, tenho quase certeza disso.

Sei que é impossível agradar a todos, mas meu desejo de fazer tudo com perfeição e corresponder ao que todos querem, quando querem, é incompatível com a realidade. Penso que o modo certo de trabalhar é fazer o que se pode, delegar o que for possível e deixar de lado a necessidade de ter aprovação de todos o tempo inteiro, o que não é algo que eu, particularmente, saiba fazer. Seria bom que todos gostassem de mim. Mas isso é irreal. Sei que haverá comentários negativos. Ficarei decepcionada, mas preciso me preparar porque sei que não posso evitá-los. Acho que há pessoas que simplesmente gostam de reclamar – e isso vai acontecer. Acho que sou minha crítica mais severa e talvez no fundo do meu coração eu sinta que não estou fazendo um trabalho suficientemente bom.

Tenho um emprego que exige bastante de mim. Com frequência preciso trabalhar em casa nos fins de semana e viajo muito. Tento adivinhar o que acontecerá comigo se continuar nesse ritmo. O salário do meu marido é consideravelmente inferior ao meu. Se fosse o contrário, é provável que eu ficasse em casa criando meus filhos. Mas não posso pensar em não trabalhar por causa da discrepância na renda. Eu simplesmente não me sentiria bem vivendo do salário de meu marido. Acho que isso tem algo a ver com o modo como fui criada. Meus pais se separaram quando eu era pequena e eu sentia a ansiedade deles com relação ao dinheiro. Sempre achei que precisava encontrar um jeito de cuidar de mim mesma – não para o caso de meu marido e eu nos separarmos, mas por ele ser mais velho que eu e, no caso de algo acontecer a ele, eu estar preparada para tomar conta de mim e de meus filhos. Tenho tendência a ser muito mais prática com relação a esse tipo de coisa, mas sinto que ainda posso aprimorar muito meu desempenho no trabalho.

Amy

O local de trabalho é um campo minado para qualquer pessoa com tendência perfeccionista. Em casa e em nossas vidas pessoais, podemos *ter a sensação* de que nosso desempenho está sendo julgado, mas no trabalho nosso desempenho *está* de fato sendo avaliado. A pressão pelo sucesso é real e as consequências do fracasso podem ser significativas.

Isso, no entanto, não torna o perfeccionismo uma estratégia eficaz no trabalho. Na verdade, ele pode causar muitos problemas desnecessários. Ele pode levar a insatisfação com o emprego, adiamentos, discórdia entre colegas, conceitos mais baixos nas avaliações de desempenho e um nível altíssimo de estresse que podem extrapolar do trabalho e afetar suas vidas particulares.

Às vezes, faz sentido ter tendências perfeccionistas no trabalho. Quero que tanto minha contadora, ao calcular meus impostos, quanto a obstetra, que fará meu parto, sejam perfeccionistas. Há, no entanto, muitas ocasiões no trabalho em que insistir na perfeição é uma desvantagem. Por exemplo, um escritor que quer fazer um trabalho perfeito gasta tanto tempo revisando o que escreveu que nunca consegue concluir a tarefa a tempo. Uma supervisora que insiste na perfeição será incapaz de delegar e acabará trabalhando 18 horas por dia porque ela própria tem coisas demais a fazer.

Ter o propósito de executar um trabalho com excelência é saudável; esperar completá-lo com perfeição é irreal e pode causar decepção, vergonha, ansiedade, depressão e raiva. Uma contadora que confere várias vezes cada número está sendo meticulosa, mas estará exagerando no perfeccionismo se ficar desesperada porque o marido se esqueceu de anotar uma despesa no canhoto do talão de cheques.

Pensamos que prestar atenção aos detalhes é uma qualidade. Muitas vezes é. Com frequência, no entanto, dar atenção aos detalhes faz com que você perca de vista o quadro geral.

A verdade é que ser perfeccionista no trabalho não significa necessariamente que você está fazendo um trabalho de fato bom. Digamos que segunda-feira seu chefe lhe apresente três tarefas para serem concluídas até sexta-feira. Se você passar a segunda, a terça, a quarta e a quinta-feira executando a tarefa número 1 com perfeição, talvez não tenha tempo para completar as tarefas 2 e 3 na sexta-feira. Nesse caso, precisará pedir uma prorrogação do prazo.

Depende da situação, claro, mas na maioria dos casos um chefe preferiria ter as três tarefas cumpridas adequadamente (e no prazo) do que uma executada com perfeição e as outras duas com atraso. É difícil relevar detalhes, mas no trabalho essa às vezes é a estratégia mais eficaz.

Neste capítulo descreverei alguns dos modos como o perfeccionismo pode sabotar o sucesso no ambiente profissional. Falarei também sobre técnicas que podem ajudá-la a exigir menos perfeccionismo e a sentir-se mais feliz no trabalho.

Mulheres no trabalho

Comparadas aos homens, as mulheres enfrentam alguns desafios únicos no trabalho por causa da forma como se comunicam e se socializam. Durante um tempo incalculável os homens saíam para trabalhar e as mulheres tomavam conta dos filhos e do lar. Suas características femininas – a capacidade e o desejo de alimentar, compreender e criar vínculos com outras pessoas – as ajudaram a ser bem-sucedidas durante milhares de anos. As mulheres das cavernas, que sabiam tomar conta dos filhos, passaram adiante seus genes. Somos programadas para cuidar dos outros e essa característica é socialmente acentuada ao longo de nossas vidas quando vemos outras mulheres cuidando de filhos, de pais idosos e de outros membros da família.

Somos motivadas de maneira diferente dos homens no local de trabalho: um estudo recente revelou que os homens são impulsionados por um desejo de dinheiro e poder; as mulheres, por outro lado, prezam as interações sociais – seus relacionamentos com outras pessoas são sua força motivadora. Trabalhar com uma equipe coesa e ter flexibilidade de tempo é muito mais importante para as mulheres que para os homens. Quando recebeu uma promoção pouco tempo atrás, uma de minhas pacientes preferiu uma semana extra de férias a um aumento de salário. Nessa altura da sua vida, tempo vale mais que dinheiro.

Infelizmente, essas qualidades não levam necessariamente ao sucesso no mundo profissional. Ainda que milhões de mulheres americanas tenham uma atividade fora de casa, a maioria dos escritórios, fábricas, escolas, hospitais e outros locais de trabalho continua a operar com regras e tradições que foram concebidas por homens. Isso é um desafio extra para todas as mulheres em geral, mas particularmente para as perfeccionistas.

Espera-se que as mulheres tenham um desempenho tão bom quanto o dos homens no local de trabalho, mas a maior parte delas está assumindo mais responsabilidades que seus colegas do sexo masculino. A maioria das rotinas, exigências e horários vão de encontro às necessidades das mães que trabalham fora, como Arlie Russell Hochschild descreve em seu livro *The Second Shift*:

> *A dona de casa paga o preço de permanecer afastada do que tradicionalmente se considera uma vida social. A mulher que segue uma carreira paga o preço de entrar em uma roda-viva de trabalho que lhe concede pouco tempo ou energia emocional para criar uma família. Sua carreira lhe permite tão pouco porque foi originalmente planejada para convir a um homem tradicional, cuja esposa criava os filhos.*

Um importante estudo elaborado por pesquisadores da Universidade de Harvard e da Universidade do Arizona revelou que, em média, os homens se preocupam com três coisas no dia a dia – dinheiro, seu emprego e seu núcleo familiar –, ao passo que as mulheres têm em média 12 preocupações – dinheiro, seu emprego, seu núcleo familiar, seus familiares, os amigos, o aspecto de sua casa, etc. Sem dúvida, é mais fácil controlar três coisas que 12.

No trabalho, os homens conseguem muito bem se desligar de outras áreas e concentrar a atenção no que deve ser feito. Isso é mais difícil para as mulheres – e, em particular, para as perfeccionistas. Seu desejo de ser uma mãe realmente boa não acaba no momento em que você chega ao trabalho. Sua vontade de ser magra não passa quando você chega ao escritório. Se você é perfeccionista em casa, camas desarrumadas e móveis empoeirados continuam na sua mente quando você está no trabalho. Todas as áreas em que você tem tendências perfeccionistas a acompanham até o trabalho. O mesmo acontece com a tendência a se recriminar por não fazer o que "deveria" no trabalho. Se alguém traz docinhos e você come três, pensa nisso o dia inteiro. Se seu filho chora ao ser deixado na creche, você pensa nisso a manhã toda. As múltiplas atividades com as quais está envolvida seguem com você para o trabalho.

Mães que trabalham fora

Recentemente, fiz uma palestra sobre administração do estresse em uma das 500 empresas listadas pela revista *Fortune* e as mulheres me contaram que estava havendo uma guerra lá entre as que tinham filhos e as que não tinham. As mães deixavam o trabalho exatamente às 17 horas, mas se esperava que as outras mulheres tivessem uma jornada maior. Isso causava grande atrito, porque as mulheres sem filhos se aborreciam com as que saíam no horário. As que saíam no horário se sentiam culpadas por trabalhar menos que as colegas. No entanto, se alguém precisa apanhar os filhos na creche às 18 horas, não há escolha. Precisa sair na hora.

Às vezes, as mães que trabalham fora percebem que a melhor estratégia é colocar um freio em suas carreiras enquanto os filhos são pequenos. Isso pode parecer tortura para as perfeccionistas, como no caso de Denise:

> *Depois que minha filha nasceu, decidi trabalhar quatro dias por semana em vez de cinco. As pessoas com as quais trabalho não gostaram da decisão. Para ter sucesso em minha atividade, é preciso de fato estar disponível o tempo inteiro. Mas decidi correr o risco. O resultado é que não sou mais tão importante para a empresa quanto já fui. A sensação é de que estou no banco de reservas. Para uma profissional classe A, é duro estar à margem do que acontece na organização. Não tenho mais muito contato com os principais dirigentes e por isso meu trabalho passa despercebido. É uma situação difícil, porque sou competitiva. Preciso deixar de ser orgulhosa e pensar no que tenho, não nas coisas de que estou abrindo mão. Quando vejo que alguém progride na empresa, penso que deveria ser eu. Preciso me adaptar à nova realidade. Se eu voltasse a ter a importância de antes para a empresa, no entanto, meu estilo de vida sofreria.*

As mulheres vão para o trabalho, mas não se esquecem de suas outras obrigações. Quando minha mãe, já idosa, começou a ter problemas de saúde, eu deixava o telefone celular ligado no trabalho para que ela pudesse me ligar a qualquer hora. Agora o deixo ligado por causa de meus filhos. Telefono do trabalho para tratar de assuntos de casa – é impossível ligar para o pediatra ou para um eletricista à noite. Como a maioria das mães que têm uma atividade fora, não paro de pensar em tudo o que acontece na minha vida só porque estou no trabalho.

Se você for perfeccionista em casa e no trabalho, será impossível ser tanto a profissional quanto a mãe que quer ser. E o preço a pagar será alto. Tenho uma paciente que trabalha tanto que precisou contratar duas babás. Ela mal vê os três filhos durante a semana, mas os fins de semana são dedicados às crianças, da manhã à noite. Perguntei que tempo sobrava para ela mesma e a resposta foi "nenhum". Ela acredita ser uma mãe muito boa e uma ótima profissional, mas a coitada se perdeu. Está deprimida e ansiosa. Sua vida se resume ao trabalho e aos filhos. Não há nada que alimente sua alma.

Perguntamos às mulheres: Como o perfeccionismo a afetou no trabalho?

Sinto que preciso fazer mais quando vejo que os outros não fazem sua parte. Minhas sócias e eu devemos nos revezar em uma teleconferência que acontece às 7 horas todos os dias. Durante um tempo elas não estavam tão comprometidas quanto eu, então acabei fazendo tudo sozinha. Agora, pensando no que ficou para trás, vejo que foi uma bobagem minha assumir a responsabilidade sozinha.

Jessica

Eu era muito intolerante com as pessoas que trabalhavam ao meu redor porque sentia que elas não tinham desempenho igual ao meu. Levei algum tempo para imaginar como me sentir feliz no trabalho. Decidi começar meu próprio negócio e desde en-

tão estou muito satisfeita. Não tenho funcionários – posso ser perfeccionista por conta própria. Já houve situações em que precisei recusar trabalho porque não conseguia dar conta de tudo sozinha. As pessoas me perguntam por que não contrato uma pessoa para me ajudar, mas não ficaria satisfeita com alguém que trabalhasse para mim e não seguisse meus padrões. É só o meu jeito de ser.

Carol

Sou fotógrafa e eu mesma revelo minhas fotos. Um dos aspectos da revelação é que inevitavelmente fica uma poeirinha no negativo, que aparece na cópia como se fossem minúsculos pontos brancos. É impossível se livrar deles cobrindo com tinta. Logo que comecei, isso era uma verdadeira fonte de ansiedade para mim, porque não sabia o que fazer. Se eu visse três manchas um pouco maiores, tinha certeza de que precisava removê-las. Mas quanto mais eu olhava, mais manchas encontrava. Era capaz de passar uma hora descobrindo esses pontos quase imperceptíveis. Eu me sentia uma verdadeira idiota, porque os via e sabia que outras pessoas não os veriam, mas mesmo assim me sentia compelida a prosseguir.

Patricia

Recursos que você pode usar

Como você pode frear suas tendências perfeccionistas no trabalho? Aqui vão minhas sugestões.

REEXERCITE O CÉREBRO

O local de trabalho oferece terreno fértil para todos os tipos de pensamento distorcido: aqueles do tipo "ou tudo ou nada", filtros mentais, exageros, cobranças excessivas a si mesma e busca de aprovação. Muitos deles se manifestam com frequência entre mulheres que trabalham fora. Distorções cognitivas como essas se instalam em sua mente e se tornam pensamentos automáticos que parecem tão confortáveis quanto um par de chinelos usados. O segredo para reduzir o perfeccionismo e o estresse no trabalho é identificar esses pensamentos automáticos, desafiá-los e substituí-los por outros mais realistas.

Passe uma semana ou duas anotando todos os seus pensamentos automáticos durante o expediente. Depois, use as instruções para a reestruturação cognitiva do Capítulo 2 para desafiá-los. Eles fazem sentido? São realistas? São perfeccionistas? São necessários? Contribuem para a qualidade do trabalho que você faz? Reduzem sua satisfação com o trabalho?

Depois de identificar e desafiar seus pensamentos, guarde os úteis e sensíveis e reestruture as distorções cognitivas para torná-los mais realistas. Anote seus pensamentos reestruturados e leia-os todos os dias – levará algum tempo até que os novos pensamentos construtivos substituam os antigos e inúteis.

Alguns exemplos de pensamentos automáticos no trabalho:

- O único jeito de fazer o trabalho correto é o meu jeito.
- Nunca consigo fazer tudo.
- Não consigo começar um projeto novo a não ser que tudo na minha mesa esteja organizado.
- Todo mundo trabalha melhor que eu.
- Eu deveria ser capaz de fazer meu trabalho sem precisar de horas extras nem de levar serviço para casa.
- Culpo meu chefe (ou os colegas) por meus problemas no trabalho.
- Se meu chefe critica meu trabalho, é porque sou um fracasso.
- Não posso largar este emprego porque não há outros no mercado que sejam adequados para mim.
- Meus colegas são um bando de idiotas.
- Meu chefe tem conhecimento de tudo o que faço.
- A culpa de a equipe não ter alcançado a meta é toda minha.

- Se eu tivesse um chefe mais talentoso, meu trabalho e minha vida seriam melhores e eu ficaria mais satisfeita.
- Se eu precisar me ausentar por razões pessoais, não conseguirei uma promoção.

EXAMINE SUAS "REGRAS INCONSCIENTES"

Muitas mulheres trabalham com suposições que as refreiam. Desafie as "regras" de acordo com as quais você trabalha e, se estiverem distorcidas, use a reestruturação cognitiva para modificá-las.

Alguns exemplos de regras inconscientes:

- Preciso chegar ao trabalho antes de todos os outros.
- Não devo pedir ajuda.
- Não posso falhar. Jamais.
- Não devo cometer erros.
- Preciso obter avaliações perfeitas.
- Para ser promovida, preciso fazer meu trabalho com perfeição.

Muitas mulheres têm como regra inconsciente precisar obter uma avaliação de desempenho perfeita. Margaret conta uma história típica:

> *Meu objetivo sempre foi obter a classificação "profissional fora de série" na avaliação anual de desempenho. De um modo ou de outro consegui, com exceção do primeiro ano de minha carreira, quando obtive conceito "excelente" em lugar de "excepcional". Chorei e briguei comigo mesma no banheiro feminino durante uma hora depois que recebi o resultado. Meus pais me criaram com a noção de que "nota 8 significa reprovação" e qualquer outro conceito que não o máximo é sinônimo de fracasso.*

VERIFIQUE SE O TEMOR DO SUCESSO A REFREIA

Mulheres perfeccionistas sentem-se mais à vontade quando dominam seu campo de atividade. Sentem-se relativamente satisfeitas quando sabem desempenhar bem suas funções e conseguem manter um alto nível no ambiente de trabalho. No entanto, essa sensação de contentamento pode inibi-las de buscar ou aceitar promoções – largar um trabalho confortável, que conseguem executar sem grande esforço, para assumir um cargo que exige um nível de conhecimento inteiramente novo pode provocar enorme ansiedade. Às vezes faz mais sentido continuar em um trabalho mais confortável enquanto os filhos são pequenos, um trabalho que você consegue tirar de letra, como se diz. Foi o que fiz. Não troquei de emprego até minha família estar completa e minha filha mais nova começar a andar.

Aceitar um trabalho mais desafiador pode causar apreensão social se você precisar abandonar uma equipe que a apoia – ou, pior, passar a chefiá-la. A insegurança sobre suas aptidões pode deixá-la preocupada que uma promoção traga à tona falhas e imperfeições – reais ou imaginárias – de modo constrangedor. Talvez até receie que as pessoas "vejam através de você" caso conquiste um cargo mais elevado.

Se você tem medo de progredir em razão de julgamentos e expectativas distorcidos, precisa ficar atenta. Compreender que pensamentos estão por trás de seus comportamentos e se eles de algum modo estão distorcidos a ajudam no momento de fazer as melhores escolhas em termos de carreira. Não estou dizendo que você precisa se forçar a abandonar um emprego confortável para tentar superar novos desafios numa carreira que lhe deixe ansiosa. Ter um emprego confortável no qual você se sinta bem pode ser a melhor coisa nessa fase da vida. No entanto, acredito que seja importante ter uma percepção em bases reais do que a motiva, de modo que o trabalho pelo qual você optar seja uma escolha verdadeira e não apenas uma fuga da ansiedade que outro poderia lhe causar.

BASEIE SUAS EXPECTATIVAS NAS DE SEU EMPREGADOR

Nós, perfeccionistas, somos extremamente orientadas pelos detalhes e muitas vezes somos nossas piores críticas. Conferimos tudo inúmeras vezes e nunca achamos que nosso trabalho está de fato bastante bom. Mas nem todos os projetos precisam ser executados com perfeição.

Se você não sabe ao certo o que exige o máximo de esforço e o que pode ser feito apenas adequadamente, reflita com cuidado sobre o que seu empregador quer. Se estiver à vontade para fazer isso, consulte seu chefe para definir expectativas. Não há sentido em gastar muito tempo fazendo um trabalho perfeito se ele fica feliz com um resultado "bom". O que a satisfaz como perfeccionista pode estar muito além do que seu chefe realmente necessita. Quando estiver executando um projeto, pergunte-se: quais são as expectativas de meu chefe com relação a este trabalho?

SE VOCÊ FOR CHEFE, SEJA PRUDENTE

O perfeccionismo pode de fato atrapalhar se você for chefe ou gerente. Não apenas você se sujeita à sua atenção aos detalhes e ao seu ímpeto de fazer tudo com perfeição, como exige o mesmo de seus subordinados. Perfeccionistas consideram uma tortura delegar uma tarefa porque acham que ninguém, além de elas próprias, consegue desempenhá-la tão bem. A não ser que você tenha perfeccionistas trabalhando à sua volta, ninguém consegue acompanhar seus padrões.

Se você é assim, é melhor parar e refletir. Em primeiro lugar, você precisa delegar, ou trabalhará 80 horas por semana, como descobriu Nancy:

Gosto de manter o controle, mas há algumas áreas com as quais não me preocupo. Sou gerente e consigo deixar que as pessoas trabalhem do seu jeito. Do contrário, se eu tentar lhes dizer para fazer algo de um modo diferente ou se eu mesma refizer alguma coisa, jamais conseguirei que meu próprio trabalho fique pronto.

Quando delegar uma tarefa a alguém, seja muito clara quanto aos padrões mínimos de aceitação. Tenha consciência de que é justo esperar que o trabalho de seus subordinados seja aceitável, porém não dê por certo que ele será excelente. Quando o trabalho for entregue e não estiver tão bom quanto você gostaria, pergunte-se: ele atende aos padrões mínimos de aceitação? Se não, qual a melhor decisão: refazê-lo você mesma ou devolvê-lo ao funcionário com sugestões sobre como torná-lo aceitável? Embora seja tentador você mesma simplesmente refazê-lo, essa atitude pode magoar os colaboradores. Melhor deixar que eles consertem, para que possam aprender e se orgulhar do que fizeram.

Lembre-se de que trabalhar para uma pessoa perfeccionista não é fácil. Você tem duas opções: ser mais flexível em seus padrões e julgamentos, ou esperar uma alta rotatividade de seu pessoal. Se quiser evitar muita perda de tempo à procura de novos profissionais para substituir os que pedem demissão ou são mandados embora por causa do seu perfeccionismo, considere com atenção seu modo de ver os subordinados e se suas expectativas são realistas.

Como chefe perfeccionista, você deve ter um mantra: "Qual o nível de perfeição necessário?" Quando o trabalho precisa ser perfeito, insista que seja feito com perfeição. Se um resultado bom for suficiente, essa é a meta que você deve estabelecer. Exigir que todos façam tudo com perfeição o tempo inteiro trará frustração para você e toda a sua equipe.

Um gerente que não tem ninguém do seu nível com quem trocar ideias pode ter dificuldade em descobrir com que perfeição uma tarefa precisa ser executada. Um funcionário pode debater com os colegas, mas quando se é chefe, nem sempre se tem essa opção. Em uma situação como essa, recomendo que você se dirija à toda a equipe. Reúna-se com seus funcionários e peça a eles suas considerações sobre como acreditam que o trabalho deve ser executado. Diga-lhes: "Sei que tenho expectativas altas e sei também que elas às vezes não correspondem à realidade, por isso devemos trabalhar em equipe para descobrir o que fará o grupo sentir-se à vontade." O espírito de equipe trará mais contribuições de seus colaboradores. Além disso, oferecerá uma perspectiva valiosa – se todos concordarem que 80% é um resultado bom para um trabalho que, na sua opinião, deveria ser 100%, pode ser hora de reavaliar suas expectativas (pode também significar que você tem uma equipe repleta de preguiçosos, mas isso é uma história bem diferente). Se seus funcionários percebem que você está tentando ser menos exigente em algumas coisas, é provável que comecem a voltar seus esforços para os projetos ou as tarefas que realmente precisam ser perfeitos.

CULTIVE A TRANQUILIDADE

Se for possível, planeje sua agenda de modo a começar e acabar o dia num clima tranquilo. Evite agendar reuniões nas primeiras e nas últimas horas do dia. De manhã, aproveite o tempo para planejar as tarefas que terá pela frente. No fim da tarde, use o tempo para atividades menos estressantes, como retornar telefonemas e responder a e-mails, solucionando as pendências do dia. Assim você terá menos coisas na cabeça quando voltar para casa.

Sempre que possível, cultive a tranquilidade. Seja organizada, mas sem exagero. Mantenha sua mesa arrumada – estudos mostram que chefes e colegas têm pouca consideração por funcionários relaxados –, mas não arrumada demais, porque nesse caso você parecerá neurótica e sem muita coisa para fazer.

Quando se sentir estressada no trabalho, reserve um momento para fazer um minirrelaxamento (ver Capítulo 2). É muito rápido e você poderá fazê-lo enquanto estiver em uma reunião, ao telefone, ouvindo as reclamações de um cliente, ou aguardando a chegada de um fax. Minirrelaxamentos acalmam e revigoram em apenas alguns segundos.

RECOMPENSE O BOM COMPORTAMENTO

Como qualquer especialista em desenvolvimento infantil poderá confirmar, o reforço positivo funciona melhor do que o negativo – recompensas são mais eficazes que punições. Se estiver tentando mudar seu comportamento, parar de adiar tarefas, cumprir prazos ou realizar um projeto que está lhe dando dor de cabeça, pense em algo especial que possa se dar de presente ao fim de cada tarefa bem-sucedida. Eu, por exemplo, quando escrevi minha dissertação, me presenteei com cinco bolinhas de M&M por cada página. Em vez de me recriminar por imperfeições no que estava escrevendo, optei por me dar uma recompensa pelo que conseguia realizar. O objetivo é não ser rigorosa demais consigo mesma quando estiver tendo um comportamento perfeccionista e se premiar quando não estiver. O mundo exterior não lhe dará o reconhecimento de que precisa, portanto ele deve vir de você mesma.

COMPARE-SE COM COLEGAS

Eu sei, você pensou que eu recomendaria não fazer comparações com colegas de trabalho. Mas se você for perfeccionista, comparações podem oferecer uma boa perspectiva. É fácil sentar-se em sua estação de trabalho, pensando que todos à sua volta estão fazendo um trabalho tão bom quanto o seu – ou melhor. Mas quer saber de uma coisa? Provavelmente não estão e você pode aprender com eles.

Olhe ao redor. Seus colegas chegam ao trabalho depois de você? Seus intervalos de almoço são mais longos? Deixam de participar de uma reunião uma vez ou outra? Entregam trabalhos que não estejam 100% perfeitos? Mandam e-mails com erros de digitação ocasionais? Se fazem tudo isso e não são demitidos, talvez você consiga deixar de perseguir a perfeição em todos os aspectos e relaxar um pouco, também. Compare o que você está fazendo com o que os outros fazem. Você talvez seja muito mais rigorosa consigo mesma do que as outras pessoas.

Depende do emprego, claro, mas alguns chefes não se importam se o funcionário chegar atrasado de vez em quando, se sair mais cedo ou se demorar na volta do almoço, contanto que o trabalho seja feito. Em outras palavras, faça o trabalho, não o horário. Se seu empregador for flexível com relação a horário, provavelmente não haverá problema se você precisar perder alguns minutos do expediente com a compra on-line de sua passagem de férias, ou falando ao telefone com a professora de seu filho.

Baseie-se na realidade quando se comparar com outras pessoas. Perfeccionistas costumam fazer comparações desiguais. Por exemplo, uma perfeccionista da área de vendas pode comparar seus números com os do gerente do departamento, não com os dos colegas. Ou uma mãe que trabalha fora pode ter a sensação de que não está trabalhando com o empenho necessário quando se compara a uma jovem solteira de 20 e poucos anos, que é livre para ficar no trabalho até as 21 horas todos os dias. Se fizer comparações entre você e outras pessoas, certifique-se de que está sendo justa consigo mesma.

PONDERE SEU HÁBITO DE FICAR REFLETINDO DEMAIS

As mulheres tendem a ter excelentes habilidades de comunicação, em parte porque são especialistas em deduzir significados, interpretar a linguagem corporal e escutar com seriedade. O lado negativo disso é que temos o terrível hábito de ruminar observações e críticas e tirar delas muito mais do que pretendia quem as fez. Analisamos tudo o que ouvimos e, se tivermos tendências perfeccionistas, nossa propensão é interpretar observações da pior maneira possível. Vemos tudo pelo prisma de nossas próprias inseguranças, como descreve Anna:

Quando uma falha minha é exposta, ou quando é levantada alguma crítica objetiva, implícita ou potencial, minha "perfei-

ção" é ameaçada e me sinto infeliz. Certo dia, por exemplo, uma colega telefonou para me dizer que o projeto em que eu estivera trabalhando havia deixado um cliente furioso. Ela contou que ele deu um ataque e que telefonou para meu supervisor, além de mandar e-mails reclamando do projeto (mas não necessariamente de mim). Até ela me contar isso, o dia estava transcorrendo realmente bem, mas essa notícia me deixou um trapo. Chorei sem parar durante o almoço com uma amiga, enquanto lhe contava a história. Por supor que eu era culpada, não conseguia me sentir bem – embora esteja melhor agora, depois de desabafar com uma amiga querida em quem confio.

O problema ganha uma dimensão maior se você trabalhar com homens, porque eles não prestam tanta atenção à comunicação. Veja como os adolescentes falam uns com os outros – dizem palavrões, trocam insultos e se esquivam das críticas. O mesmo vale para muitos homens. Conseguem dizer palavras ásperas até quando não é essa a intenção.

Se alguém faz um comentário precipitado que a contraria – por exemplo, se seu chefe diz "Você parece cansada hoje!" –, não suponha o pior. Faça uma lista de todos os significados do comentário e desafie a crença dos pensamentos automáticos de que o interlocutor tinha o mais ofensivo dos significados em mente. Quanto mais você conseguir reduzir a tensão de um comentário, melhores condições terá de relevá-lo e de se permitir ter pensamentos mais produtivos.

Mulheres perfeccionistas são conhecidas por usar a distorção cognitiva chamada "filtro mental". Alguém diz cinco coisas boas e uma ruim, e o que fazemos? Filtramos as boas e nos concentramos na ruim. Ou quando recebemos um elogio por uma tarefa bem executada o desqualificamos porque subestimamos a qualidade do trabalho. Quando isso acontecer, desafie seus pensamentos e tente reestruturá-los de modo mais realista e benéfico.

O exercício seguinte é muito útil. Prepare uma lista das forças que você traz para o trabalho. Depois de relacionar tudo em que conseguiu pensar, dedique algum tempo a examinar a lista e meditar sobre seus pontos fortes. Permita-se sentir orgulho do que faz bem e pense em como é boa a sensação de concluir algo. Releia a lista quando se sentir negativa a respeito de si mesma, ou quando um pensamento automático destrutivo lhe ocorrer. Use-a como prova contra distorções cognitivas que a perseguem.

DESAFIE SUAS TÁTICAS HABITUAIS PARA AGRADAR AS PESSOAS

As perfeccionistas são conhecidas por tentar agradar as pessoas no trabalho. Querem que todos gostem delas, da alta administração ao pessoal da limpeza. Em geral, as mulheres tendem a querer agradar todo mundo e muitas foram criadas assim.

Infelizmente, para agradar os outros é preciso dispor de tempo e energia enormes, o que pode levar a ansiedade e depressão e resultar em fracasso.

É natural querer agradar as pessoas no trabalho – se você não agradar seu chefe, estará no olho da rua. E, até certo ponto, dar aos colegas de trabalho e aos chefes o que eles precisam leva você ao sucesso e a ser visto com simpatia. No entanto, tentar com muito empenho agradar a todos, querer que todos gostem de você, não é um comportamento saudável, como descreve a psicóloga Harriet B. Braiker em seu livro *The Disease to Please*: "O dilema que se apresenta é que, ao perceber as reais necessidades das outras pessoas e entrar em total sintonia com elas, você muitas vezes faz ouvidos de mercador para a sua própria voz interior que talvez queira alertá-la para que não ultrapasse um limite razoável nem opere contra seus próprios interesses."

Como é possível fazer com que pessoas ávidas por agradar mudem de comportamento? Ter consciência dos padrões que utilizam para isso é o melhor ponto de partida. Com a ajuda da lista de comportamentos a seguir, identifique o que você costuma fazer habitualmente para agradar os outros. Anote em seu diário e reserve algum tempo para refletir sobre como mudar seu comportamento. Comece aos poucos, manifestando-se em uma reunião ou dizendo não ao lhe pedirem um pequeno favor. Expresse algumas de suas emoções, em vez de conservá-las para si, e coloque suas necessidades em primeiro lugar algumas vezes. Parecerá constrangedor no início, mas com o tempo o desconforto diminuirá.

Comportamentos comuns em quem procura agradar os outros

- Colocar as necessidades dos outros antes das suas.
- Guardar suas opiniões para você mesma porque acredita que elas podem contrariar alguém.
- Atender todas as solicitações.
- Sentir-se culpada quando diz não.
- Considerar-se egoísta quando faz algo em benefício próprio.
- Refrear emoções por temer que, se expressá-las, magoará outras pessoas.
- Sentir que não tem controle sobre sua vida.
- Evitar confronto.
- Parecer eternamente feliz, mesmo quando não está.
- Sair do seu caminho para satisfazer os outros.
- Sentir-se arrasada por críticas ou censuras.

PLANEJE UMA ESTRATÉGIA PARA TRABALHAR COM PREGUIÇOSOS

Falei preguiçosos? O que quis dizer foi pessoas que não são perfeccionistas. Pode ser duro para perfeccionistas trabalhar com quem não tem esse tipo de comportamento. Se você acha que esse é o seu caso, pergunte-se se não está estabelecendo expectativas altas e irreais para seus colegas ao exigir deles um trabalho perfeito. Não cometa o erro de recorrer a pensamentos do tipo "ou tudo ou nada" e considerar preguiçoso e inútil quem não é perfeccionista como você. Existe um meio-termo.

Mas devemos encarar a realidade: em todo ambiente de trabalho existe gente preguiçosa. Se precisar de alguma coisa de um preguiçoso, pense em uma estratégia para consegui-la. Pelo menos você é capaz de trabalhar entre eles? Consegue driblar os prazos e criar um tempo extra para acomodar os atrasos deles? Tente imaginar tudo isso com muita antecedência, não no calor do momento.

Você talvez queira manter seu chefe a par de tudo e assim, quando um preguiçoso fizer uma bobagem, ele ficará sabendo. No entanto, pense com muito cuidado antes de se queixar. Muitos chefes detestam advertir ou demitir funcionários. É extremamente constrangedor e, além disso, treinar novos colaboradores custa caro e consome muito tempo. Sou alguém que contrata e demite (apenas quando de fato *preciso* demitir) e vivo com medo de perder funcionários. Se não conseguir logo alguém para substituir quem foi demitido, crio uma lacuna que precisa ser preenchida (muitas vezes por mim). Tenha cuidado na hora de fazer queixa ao chefe, porque é provável que ele não demita o preguiçoso e que seu relacionamento com o colega piore quando ele descobrir que você andou fazendo fofoca.

Sempre que possível, procure um meio-termo e tente chegar a um acordo. Se você acha que um projeto precisa de 100% de esforço e para o preguiçoso 25% bastam, talvez vocês dois consigam estabelecer, de forma amigável, uma média de 50% ou 60%.

REEXAMINE OS PENSAMENTOS QUE DEMONSTRAM SUA INSATISFAÇÃO CONSTANTE

Os pensamentos de insatisfação constante são uma distorção cognitiva que fazem você acreditar que seria muito, muito mais feliz se pudesse largar o emprego e fazer outra coisa – por exemplo, ficar em casa com os filhos, voltar a estudar, conseguir um trabalho que trouxesse mais satisfação, ou seja lá o que for. Como diz o ditado, a grama do vizinho é sempre mais verde – mas quando você atravessa a cerca, descobre que não é tão verde quanto parecia.

O que tudo isso significa é que se você passa o dia detestando seu trabalho e imaginando como sua vida seria perfeita se pudesse se demitir e ficar em casa desempenhando o papel de mãe (ou outro qualquer), está prestando um desserviço a si mesma. Sem dúvida você tem o direito de preferir ficar em casa. Mas não pense nisso de maneira definitiva, como se não houvesse meio-termo. O mundo do trabalho não é de todo ruim nem a rotina dos afazeres domésticos é de todo boa (e vice-versa).

Se você é mãe e não trabalha fora, não precisará enfrentar o estresse de uma creche, as dificuldades de se deslocar de um lugar para outro, um chefe irracional, e por aí vai. Mas não estará em situação confortável. Em casa, irá deparar com uma série de desafios inteiramente diferentes – ficará entediada, terá menos dinheiro, sentirá falta dos amigos. Se idealizar a estrada que optou por não seguir, você não apenas se sentirá menos feliz com a escolha feita, como também abrirá caminho para a decepção caso decida mudar de rumo. A felicidade vem de dentro de cada um, não do ambiente externo.

PARE DE SER A "MÃE" NO TRABALHO

As mulheres levam para o trabalho uma atitude diferente da dos homens. Elas são mais propensas ao trabalho em equipe e tendem a se preocupar com os colegas e a apoiá-los de um modo quase familiar, o que gera compromisso, cooperação e intimidade. Há vantagens definidas nessa atitude, porque elas podem dar às mulheres a sensação de estarem unidas. Nessa atitude "familiar" em relação ao local de trabalho, no entanto, o tiro pode sair pela culatra.

Ilene Philipson, socióloga e psicóloga, trabalhou com grupos de mulheres no Center for Working Families da Universidade da Califórnia, em Berkeley. No livro *Married to the Job: Why We Live to Work and What We Can Do About It*, explica o fenômeno de "levar o segundo turno para o trabalho". As mulheres que ela descreve pensam em seu local de trabalho como um lar longe do lar e, ao fazê-lo, assumem um papel maternal no trabalho:

> *Com base em estudos de casos clínicos de mulheres que buscaram psicoterapia em razão de problemas relacionados ao trabalho, descobri que elas se recusam a deixar em casa compromisso, compartilhamento, cooperação, obrigação material e emocional, lealdade pessoal e uma disposição de se sacrificar pelos outros. Elas levam essas qualidades para o ambiente profissional. O surpreendente é que também levam consigo aspectos do segundo turno: com frequência cozinham para os colegas, compram comida e doces para eles, fazem pequenas compras para seus supervisores, passam o aspirador de pó e limpam os banheiros em segredo depois do expediente.*

Mulheres que adotam o papel maternal no trabalho não apenas aumentam sua carga, mas também ameaçam sua capacidade de progredir, observa Ilene. "Passa-se a admitir que elas são assim, como acontece com quase todas as figuras maternais. A preocupação delas é vista como incondicional, oferecida talvez com generosidade exagerada. O fato de parecerem tão ansiosas por agradar as deixa vulneráveis à exploração... Nos locais de trabalho de hoje, ser identificada com um papel feminino tradicional equivale a não ser levada a sério, diminuindo as chances de progresso e realização em um mundo de negócios definido em oposição ao universo em que o interesse familiar prevalece."

Examine seu caso. Você está assumindo uma postura maternal no trabalho? Constantemente organiza festas, planeja almoços, colhe assinaturas em cartões de aniversário, limpa a geladeira do escritório? Como Ilene observa, sua autoestima, seu sentimento de grupo, sua identidade e seu objetivo parecem girar em torno do trabalho? Se a resposta a qualquer uma dessas perguntas for sim, então sua relação com o trabalho talvez mereça reflexão mais profunda.

VISTA O QUE FOR FÁCIL

Comprar, lavar, dobrar e passar roupas de trabalho consome muito tempo, ainda mais se seu perfeccionismo não deixá-la largar o ferro até sumir o último amassado. Torne a tarefa de se vestir a mais fácil possível. Compre roupas que não precisem ser lavadas especificamente na lavanderia nem demandem horas na tábua de passar. Prefira cores mais escuras, pois escondem as manchas. Escolha modelos que nunca saem de moda. Use roupas práticas, fáceis de cuidar. Você poupará tempo, dinheiro, esforço e oportunidades de se autocriticar.

PRESTE ATENÇÃO SE TRABALHAR DE CASA

Seja você autônoma ou trabalhe a distância para uma empresa, trabalhar em casa pode ser uma situação difícil para perfeccionistas. Quando você trabalha de casa, não há como escapar. É fácil trabalhar à noite, nos fins de semana e de madrugada, quando o sono não vem porque você está obcecada por aquele pequeno detalhe que talvez tenha esquecido.

Se trabalha em casa, é importante estabelecer limites bem definidos entre vida particular e profissional. Crie fronteiras físicas, instalando sua área de trabalho em um ambiente separado do restante da casa, se possível, para que, no fim do dia, você consiga se afastar fisicamente das tarefas profissionais e não retomá-las até o próximo dia de trabalho. Crie limites de tempo estabelecendo um horário rígido e seguindo-o à risca. Se trabalhar com computador, você pode até estabelecer barreiras eletrônicas, tendo um endereço de e-mail particular e um profissional. Desse modo você não corre o risco de deparar com assunto de trabalho quando estiver checando seus e-mails pessoais.

CONTROLE SUA LISTA DE COISAS A FAZER

Muitas vezes você começa a anotar tudo o que precisa fazer. Antes de se dar conta, há 30 itens na lista. Frustrada, reconhece que é impossível completar todos. Sente-se derrotada antes mesmo de escrever a lista. Você acaba gastando mais tempo se martirizando com o que precisa fazer do que realmente fazendo.

É possível evitar essa frustração modificando a maneira de preparar a lista de coisas por fazer. Veja algumas sugestões:

- Faça três listas: uma do que *precisa* ser feito hoje (lista A), uma do que você *gostaria* de fazer (lista B) e uma do que terá de ser feito um dia, mas não de imediato (lista C). Sua lista de coisas por fazer já parece menos intimidante, porque a única que de fato importa é a A. Empenhe-se para concluir as tarefas da lista A e depois passe para as listas B e C. Pode ser uma tarefa árdua para as perfeccionistas, porque pensamos que *tudo* requer atenção imediata e merece estar na lista A. Se não tiver certeza do que pertence à lista A, examine-a através dos olhos de seu empregador: o que ele colocaria na lista A? O que relegaria para a B ou a C?
- À medida que as tarefas forem surgindo ao longo do dia, faça uma triagem e coloque-as em uma das listas. Quando algo que precisa ser feito aparece durante o dia, é tentador resolvê-lo de imediato. Resista à tentação – se não for uma tarefa da lista A, deixe-a de lado e execute-a mais tarde.
- Verifique se as tarefas listadas são mesmo de sua responsabilidade. Você não estará fazendo o serviço de outra pessoa, talvez porque o trabalho dela não alcança as suas expectativas? Você tem condições de abraçar mais expectativas razoáveis e delegar parte do trabalho que não precisa ser 100% perfeito?
- Seja realista ao programar seu dia. Não subestime o tempo que um trabalho levará – se for uma tarefa que leva três horas para ser realizada, não queira encaixá-la em uma brecha de duas

horas. Provavelmente, o trabalho não será concluído e você se sentirá frustrada porque terá a sensação de que fracassou. Se possível, encaixe uma tarefa de três horas em um período de quatro horas. Desse modo, se acontecer alguma interrupção inesperada, você ainda terá uma chance de concluir o trabalho no prazo. E se acabar antes, se sentirá ótima.

- Estabeleça objetivos realistas, com base no que você *consegue* fazer, não no que *deveria* fazer.
- Compartimente seu dia. Agrupar tarefas similares representa economia de tempo, porque você não precisa ficar trocando marchas. Por exemplo, em vez de verificar e-mails ao longo de todo o dia, abra-os apenas no início e no fim do expediente. Tente cuidar de todas as suas tarefas pessoais ao mesmo tempo. Depois você pode deixá-las de lado e se concentrar no trabalho.
- Compartimentar a semana também pode ajudar. Minha coautora tenta agendar todos os compromissos, entrevistas, reuniões e consultas médicas para as terças, quartas e quintas-feiras de modo que nas segundas e sextas-feiras tenha períodos ininterruptos mais longos para escrever.

NÃO DEIXE QUE O MEDO DE PERDER O EMPREGO A SUFOQUE

Hoje em dia, perder o emprego é uma ameaça real nas empresas e é especialmente preocupante se você estiver enfrentando problemas financeiros.

Parte do que mais incomoda as perfeccionistas com relação a possíveis demissões é a falta de controle. É inquietante saber que a qualquer hora, apesar de seu desempenho, você pode ser demitida por causa de fatos que estão fora de seu controle, por exemplo a fusão de sua empresa com outra. Quando começar a sentir-se ansiosa, pense no seguinte: embora nem sempre seja possível controlar os fatos da vida, você tem, sim, o poder de controlar sua maneira de reagir a eles. Você não tem como controlar se será dispensada ou não, mas pode controlar sua reação a uma demissão. Pode decidir agora mesmo – não espere uma dispensa acontecer – que, se perder o emprego, saberá tirar o máximo proveito da situação, considerá-la uma oportunidade para mudanças positivas e se recusar a deixar que ela arruíne sua vida. Convença-se de que, embora uma demissão possa causar dificuldades financeiras e outras adversidades relacionadas à sua carreira, você acredita firmemente que encontrará maneiras de extrair algum benefício dela (ainda que não tenha ideia agora de quais serão eles). Se você se concentrar no que consegue controlar – sua reação –, a ansiedade produzida por fatos como esse pode diminuir.

Assim, se houver rumores de demissão no ar, é hora de agir para esclarecer o que for necessário. Mães que trabalham fora sentem-se especialmente ameaçadas pela possibilidade de demissão por causa de suas obrigações com a família – você pode se preocupar com o fato de que, se pensarem em dispensa, você ter saído mais cedo um dia na semana anterior para levar sua filha ao dentista a colocará no topo da lista de demissões.

Se estiver preocupada com a possibilidade de perder o emprego, seja franca com seu chefe. Se precisar se atrasar uma hora, diga que trabalhará no horário do almoço ou que levará alguma tarefa para fazer em casa. Mostre que é dedicada ao trabalho e que não acha que tem o emprego garantido. Se você não se mostrar comprometida ou se for dissimulada, seu chefe deixará de considerá-la uma integrante séria da equipe.

CAPÍTULO 8

Encontre alegria nos relacionamentos

Acho que não percebi que era perfeccionista até me casar e meu marido me alertar sobre meu comportamento. Ele insistia em dizer que a cama não precisava ser arrumada com perfeição logo que eu levantasse e que comer refeições congeladas de vez em quando não é tão ruim assim. Mas os problemas começaram pra valer quando passei a direcionar minhas expectativas de perfeccionismo para ele. Nosso namoro foi tranquilo, depois veio o frenesi de planejar um casamento, mas quando nos mudamos para o mesmo apartamento a situação se agravou. Comecei a me irritar quando ele deixava o tapetinho do banheiro embolado em um canto, quando saía da mesa sem recolher os farelos e até quando gritava assistindo a um jogo na televisão.

No entanto, esses problemas não são nada se comparados aos atuais, agora que temos filhos. Fico constrangida em dizer isso porque detesto isso em mim, mas sei que o critico a todo instante, embora bem no fundo eu saiba que ele é excelente marido e pai. Trabalho em meio expediente e preciso viajar apenas duas vezes por ano para participar de reuniões. Antes de partir, deixo páginas e mais páginas de instruções, lembretes e sugestões. Telefono todos os dias para falar com as crianças, mas também para ter certeza de que meu marido está fazendo tudo certo, isto é, do meu jeito. Quando volto para casa, esqueço que as crianças estão felizes, saudáveis, alimentadas e que estão com todas, ou quase todas, as atividades em dia. Eu me concentro nas camas malfeitas, na pilha de roupa por lavar, nas embalagens de pizza na garagem e na barba por fazer de meu marido. E não consigo guardar esses sentimentos só para mim, porque ele sabe o que estou pensando, direta ou indiretamente.

Por isso brigamos muito, sempre pelo mesmo motivo. Ele acha que faz um bom trabalho e que só me ouve falar do que ele não fez ou do que poderia ter feito melhor. Receio que me abandone, que me troque por uma mulher mais condescendente que reconheça que ele é um homem dedicado e trabalhador que jamais seria desonesto, que não bebe nem maltrata a mim ou às crianças.

Por que não consigo ver tudo o que ele faz bem, nem como ele realmente é bom? Por que preciso chateá-lo o tempo inteiro com detalhes insignificantes?

Gloria

Ter relacionamentos satisfatórios de todos os tipos é importante para as mulheres. Contamos com nossos parceiros, amigos, familiares e colegas de trabalho para amizade, apoio emocional e conselhos. Mais ainda que os homens, somos feitas para ser criaturas sociais. Quando confrontados com o estresse, os homens tendem a se isolar, afirma Marianne J. Legato, autora do livro *Por que os homens nunca lembram e as mulheres nunca esquecem*. "As mulheres reagem ao estresse procurando outras pessoas, em especial outras mulheres. Elas se unem, falam sobre seus problemas, pedem ajuda. Essa reação pode ajudá-las a enfrentar a ameaça imediata e protegê-las contra os estragos do estresse em geral."

As mulheres são biologicamente programadas para buscar apoio social. Quando se sente isolada, os níveis do hormônio ocitocina presente no seu sangue aumentam. "Isso não apenas a tranquiliza, mas também a instiga a conseguir ajuda, criando vínculos com outras pessoas, sobretudo outras mulheres", revela Marianne. Se você já amamentou, conhece por experiência própria o poder da ocitocina: é um dos hormônios secretados durante e após o parto e é responsável por ajudar a formar o elo entre as mulheres e seus bebês.

Infelizmente, expectativas irreais podem sabotar as chances de uma mulher ter um casamento feliz e amizades gratificantes. Em virtude do modo como as perfeccionistas veem o mundo, elas muitas vezes lutam para começar e manter relacionamentos de todos os tipos. Por exemplo, perfeccionistas tendem a:

- Ter expectativas elevadas e fora da realidade com relação aos outros e sentir que eles têm expectativas igualmente altas com relação a elas.
- Acreditar que os outros as estão sempre julgando, criticando e sentindo-se insatisfeitos com elas.
- Sentir-se hipersensíveis às críticas dos outros.
- Relutar em se relacionar com os outros por receio de serem rejeitadas ou parecerem tolas.
- Ter relacionamentos superficiais por não querer se abrir com os outros e arriscar expor suas imperfeições.
- Ter comportamentos buscando aprovação, na tentativa de fazer com que os outros gostem delas e sentirem-se decepcionadas quando não correspondem às suas expectativas.
- Criticar outras pessoas, às vezes até sem perceber.

O relacionamento mais íntimo da maioria das mulheres é com o marido ou parceiro, por isso é o mais afetado pelo perfeccionismo. Neste capítulo, discutirei algumas das barreiras que o perfeccionismo pode trazer ao casamento e apresentarei algumas estratégias úteis que ajudarão as perfeccionistas a se acalmar um pouco. Depois, oferecerei algumas explicações sobre o motivo pelo qual as perfeccionistas às vezes brigam em seus relacionamentos com amigos e a família, além conselhos sobre como aprimorar esses relacionamentos.

Histórias da hora de dormir

Ao longo dos meus anos de aconselhamento a mulheres perfeccionistas e seus maridos, percebi que uma distorção cognitiva muito prejudicial se repete cada vez com mais frequência: a crença de que, se encontrar o Sr. Certo, você terá um relacionamento maravilhoso, quase perfeito, repleto de felicidade, sexo fantástico e com desentendimentos apenas ocasionais. Vocês se entenderão bem e um conseguirá suprir as necessidades emocionais do outro. Nessa fantasia distorcida, quando você se apaixona, o trabalho árduo está feito. A parte difícil é encontrar o homem ideal, não mantê-lo.

Eu gostaria que isso fosse verdade, mas não é. A verdade é que casamento é realmente difícil. E não existe relacionamento perfeito.

Não posso criticar minhas pacientes por pensarem assim, porque durante muitos anos esse também foi meu pensamento. Quando eu era criança, meus pais partilhavam mais que discussões: os dois eram imigrantes europeus que partilhavam suas "opiniões" livremente. Lembro-me de ter pensado, enquanto os ouvia brigar, que o amor verdadeiro me protegeria de brigas como aquelas quando eu me casasse. O raciocínio era simples: se eu encontrasse alguém a quem *realmente* amasse – meu Sr. Certo –, o casamento seria tranquilo. Acordar com essa pessoa todos os dias de minha vida seria uma grande alegria, jamais discutiríamos como meus pais discutiam, olharíamos sempre um para o outro com brilho nos olhos e seríamos um casal unido e amoroso, tal como o mito de "viver felizes para sempre" sobre o qual lemos com tanta frequência durante a infância.

Continuei a acreditar nisso no início de minha vida adulta, embora a experiência me mostrasse o contrário. Gastei muita energia quando tinha 20 e poucos anos procurando o homem dos meus sonhos, mas jamais consegui encontrá-lo entre os meros mortais que namorei. Um dia minha companheira de quarto, que estava noiva, mencionou que precisava se empenhar pra valer se quisesse manter o relacionamento com o noivo. Esse comentário desconcertante me deixou confusa. Perguntei a mim mesma por que ela acharia tão difícil manter um relacionamento.

Concluí que devia ser porque tinha escolhido o Sr. Errado, em lugar do Sr. Certo.

Com o tempo percebi que até os casamentos sólidos requerem empenho – muitas vezes você precisa fazer algum tipo de esforço para manter forte o elo que une o casal. Compreendi que por mais que se *ame* uma pessoa, não necessariamente se *gosta* dela sempre. Os dois não se darão bem o tempo todo – podem discordar, discutir, se decepcionar e até sentir total aversão um pelo outro, porém ainda assim se amar. Por quê? Porque nenhum marido ou mulher é perfeito e não existe perfeição no casamento. E se você nutre a expectativa de que sua cara-metade *deveria* ser perfeita, enfrentará problemas.

Mudança de sentimentos

As primeiras seis a 12 semanas de um relacionamento podem ser maravilhosas. É o período do amor incondicional durante o qual os parceiros se conhecem. Ele acha que você é perfeita, você acha que ele é perfeito e, na sua imaginação, vocês irão se casar e ter uma vida perfeita. Depois dessa fase, no entanto, os defeitos começam a aparecer. Ele fala demais sobre política. Você tem pressa em firmar um compromisso sério. Ele passa tempo demais com os amigos imaturos. Você se queixa demais do trabalho. E por aí vai. Muitos relacionamentos não conseguem passar desse ponto. Os que conseguem fazem a transição para uma união baseada na realidade, mas, percebam ou não, muitas pessoas continuam a esperar uma quase perfeição de seus parceiros.

Minha companheira de quarto tinha razão: às vezes o casamento pode ser mesmo difícil. Até um casamento ótimo pode atravessar tempestades enormes, não porque o casal não combine (embora essa possa ser a razão), mas porque um relacionamento realmente bem-sucedido exige esforço em muitos, se não na maioria, dos dias. Há ocasiões em que você fica de fato em uma posição ruim, todos os seus pensamentos e sensações giram em torno do que *você* está passando e a última coisa em que pensa são as emoções de seu marido (ou vice-versa). Há momentos em que os dois se sentem tão próximos como quando se conheceram e se apaixonaram e há outros em que você se pergunta se não teria se casado com a pessoa errada. Ter altos e baixos como esses é normal. Decepcionar-se com eles – e pensar que não deviam acontecer – apenas aumenta a dimensão do problema.

É muito mais fácil conseguir que um casamento funcione quando se aceita algum nível de imperfeição. Admitir a imperfeição e o meio-termo – reconhecendo que o amor não resolve todos os problemas – é o primeiro passo para a construção de um relacionamento mais profundo e mais satisfatório. A ironia é que, se você conseguir se livrar do mito do casamento perfeito, é provável que seu casamento se torne menos imperfeito.

Altos e baixos

Quando você se encontra em um momento desfavorável do casamento, a primeira coisa a fazer é reconhecer o fato. Pense então na atitude que deve adotar. Você deveria passar mais tempo com seu parceiro, seja programando noites românticas, encontros sexuais mais ardentes, férias ou longas caminhadas? Ou deveria apenas ser paciente e reconhecer que aconteceu algo na sua vida – um novo bebê, uma doença na família, um revés na carreira – e que as coisas voltarão ao normal por si mesmas quando a dificuldade passar?

Às vezes não fazer nada é a resposta. Não há nada de errado em querer um pouco de espaço uma vez ou outra. Todos os relacionamentos variam de intensidade. As pessoas sentem-se aliviadas ao saber disso, porque pensam que casamento feliz é o que aparece em filmes e novelas, nos quais marido e mulher se gostam o tempo inteiro. Isso é fantasia. Você nem sempre precisa gostar de seu marido para continuar a amá-lo. Isso pode ser difícil para as perfeccionistas, porque elas acreditam que deveriam sentir-se felizes o tempo inteiro.

As pessoas mudam com o tempo e espera-se que, sendo um casal, vocês mudem em direções semelhantes. Se tiverem cada vez menos em comum, precisam se divorciar? Não necessariamente. É possível continuar a amar alguém que seja diferente de você. Cada um pode ir em busca de seus interesses, vocês não precisam fazer tudo juntos.

Homens e mulheres, por exemplo, tendem a enfrentar obstáculos de formas distintas: elas gostam de ruminar o assunto; eles, de ouvir o problema, apresentar uma solução e voltar a ler o jornal ou assistir à partida de futebol. Vez ou outra, quando tenho um problema particularmente aflitivo, gosto de discuti-lo a fundo e avaliar todas as soluções possíveis várias vezes. Em geral meu marido me apoia nesses momentos, mas há ocasiões em que preciso da opinião de minhas amigas – é a elas que posso recorrer quando passo por uma crise que quero discutir e analisar sob todos os ângulos. Falar com elas e não com meu marido não enfraquece o vínculo que existe entre nós dois. Pelo contrário: fortalece nosso relacionamento. Esperar que seu parceiro seja sua única fonte de felicidade é a receita para o desastre.

Você não consegue satisfazer todas as necessidades de seu parceiro e não pode ficar furiosa com ele por não satisfazer todas as suas. Muitas pessoas, tanto homens quanto mulheres, esperam que, se alguém as ama, saberá exatamente do que elas precisam, terá condições de satisfazer todos os seus desejos e conseguirá fazê-las felizes o tempo inteiro. Mas isso simplesmente não é possível. Para muitas mulheres, ter um parceiro carinhoso é um ingrediente fundamental para a felicidade, mas não significa que seja a única coisa que *pode* deixá-la feliz ou que você não precisa de mais nada *para* deixá-la feliz. O melhor marido no mundo não conseguiria lhe proporcionar toda a felicidade de que você precisa.

O marido perfeito não existe – e mesmo que existisse, você enfrentaria outros problemas. Um sujeito fantástico não consegue tornar seu chefe mais sensato, seu pai menos doente nem suas coxas mais finas. Ele pode ser sua alma gêmea e um grande pai para seus filhos, mas não pode ser tudo para você.

Perfeição perigosa

Você é uma perfeccionista nata – ou está tentando ser perfeita para satisfazer seu parceiro? Tem medo do que possa acontecer se decepcioná-lo?

O perfeccionismo em um relacionamento às vezes pode ser um sinal de abuso. Em relacionamentos abusivos, é comum o marido esperar que sua esposa seja perfeita e puni-la caso ela deixe de atender suas expectativas. Homens abusivos muitas vezes querem ter o controle de suas parceiras – quando percebem que o estão perdendo, podem se tornar violentos.

Mulheres com autoestima baixa – um sintoma de perfeccionismo – têm mais possibilidade de sentir atração por homens abusivos do que aquelas que têm percepção sólida de si mesmas.

Se seu perfeccionismo estiver ligado à violência doméstica, o melhor é buscar ajuda. Um médico pode tratar seus ferimentos, registrar o abuso e encaminhá-la a programas locais para vítimas dessa violência.

Diga a ele como você se sente

Às vezes você pode sentir que seu marido não sabe do que você precisa. Antes de se aborrecer com ele, pergunte-se: revelei a ele do que preciso ou estou na expectativa de que ele leia meus pensamentos? Você está errada se, como muitas perfeccionistas, imagina que ele deveria simplesmente *saber* de suas necessidades sem que você as mencione. Precisa falar às claras para ele saber o que você quer.

Uma paciente minha que passava por sérios problemas médicos sentia-se terrivelmente frustrada porque o marido não conseguia ajudá-la como deveria no aspecto emocional. Sugeri que ele talvez não *soubesse* como ajudá-la e a aconselhei a preparar uma lista de 20 coisas que ele poderia fazer para ajudá-la a enfrentar o problema. Ela seguiu meu conselho e a lista resolveu grande parte dos mal-entendidos entre eles, porque quando ela necessitava ser amparada, ele não precisava tentar ler sua mente para descobrir o que ajudaria – bastava recorrer à lista.

Não há homem ou mulher que consiga satisfazer todas as necessidades dos parceiros. Por isso é tão importante reconhecer quais necessidades ele pode e não pode satisfazer. Depois caberá a você decidir se acaba o casamento ou muda suas expectativas e para de se irritar quando elas não forem atendidas.

Coloque-se no lugar do outro

O perfeccionismo pode destruir um casamento. Coloque-se no lugar de seu marido. Imagine como ele se sente quando tenta fazer amor e você está deprimida porque engordou dois quilos. Imagine como ele se sente quando você insiste em ter uma cozinha imaculada e ele sabe como ficará irritada se ele a sujar. Na época do namoro, ele pode ter achado simpático você insistir em arrumar a cama à perfeição, se pesar todos os dias ou gravar os capítulos das novelas para assistir à noite, antes de se deitar. Algumas sutilezas de sua personalidade perfeccionista talvez o tenham cativado. Depois de algum tempo, no entanto, passa a ser irritante viver com uma pessoa perfeccionista. A menos que ele também seja perfeccionista, não entenderá por que você não consegue sair de casa sem deixar a cozinha limpa ou por que passa a ferro as roupas de usar em casa.

Se projetar seu perfeccionismo em seu marido, talvez ele fique com a sensação de que não consegue fazer nada certo. Isso transmite uma mensagem confusa muito destrutiva: "Amo você, desde que faça tudo do meu jeito. Meu amor é condicional." Não é uma posição confortável, como mostram os relatos de pacientes a seguir:

- Uma de minhas pacientes me contou que o marido não a ajudava em nada em casa. Quando perguntei a ele sobre o assunto, ele disse que no início do casamento se encarregava de colocar a roupa para lavar, mas que ela ficava por perto enquanto ele separava os itens e insistia em dizer que ele estava fazendo tudo errado. Então desistiu de ajudá-la.

- Uma mãe que não trabalhava fora reclamou que à noite, quando o marido voltava para casa, lia o jornal ou assistia à televisão e não conversava com ela. Quando pedi que o marido contasse a sua versão da história, ele revelou que sempre que falava sobre seu trabalho a esposa o criticava pelas escolhas que fizera. Isso o incomodava bastante, porque sabia mais sobre seu trabalho que ela e tinha certeza de estar tendo um bom desempenho. Ainda assim ela sempre reclamava. Então ele desistiu de conversar sobre esse assunto porque era frustrante demais.
- Uma paciente que viaja muito a trabalho conta com o marido para cuidar dos filhos enquanto está fora. Porém, ele ficou muito aborrecido com o que aconteceu quando ela voltou após ter passado cinco dias fora. Ele achou que tinha tomado conta de tudo muito bem – preparara as refeições, levara as crianças para a escola no horário certo e ajudara com os deveres de casa. Quando a esposa chegou, a primeira coisa que fez foi reclamar que ele não tinha aberto toda a correspondência nem empilhado os jornais da semana. Ele ficou com raiva por ela ignorar todo o trabalho que ele tivera e se concentrar no que considerava uma imperfeição. Ele só queria que ela elogiasse o seu empenho, mas os comentários da mulher sugeriam que o considerava incompetente.

Minha intenção não é sugerir que você nunca deve criticar seu marido. Se for inverno e ele deixar seu filho pequeno brincar no jardim sem estar adequadamente agasalhado, é claro que você precisa alertá-lo sobre o risco de a criança adoecer. Mas censurá-lo por permitir que o filho brinque no jardim com um casaco cuja cor não combina com a calça é ir longe demais.

É difícil ser casado com uma perfeccionista. "Há ocasiões em que meu marido diz que não faço outra coisa senão criticá-lo. Isso me parte o coração, porque o amo muito e não quero magoá-lo", me contou uma de minhas pacientes. Quando você se esforçar para reestruturar seu pensamento perfeccionista, lembre-se de que seu marido será uma das primeiras pessoas a se beneficiar disso.

Reclamação

A reclamação é uma das queixas mais comuns dos homens casados com perfeccionistas. Ouço isso o tempo inteiro quando faço aconselhamento de casais. Ela reclama, ele a ignora, ela fica furiosa por ele não prestar atenção ao que ela diz e reclama mais, ele a ignora mais ainda... e assim vai.

A reclamação mostra uma diferença fundamental entre a maneira como homens e mulheres veem o mundo. Como status tem um papel fundamental nos relacionamentos da maioria dos homens, eles se irritam quando alguém tenta controlá-los, porque isso os faz sentir que estão sendo rebaixados, de acordo com Deborah Tannen, autora do livro *You Just Don't Understand*. As mulheres, por outro lado, tendem a usar a conversa como forma de chegar ao consenso. É por essa razão que as mulheres tendem mais a controlar os outros. Deborah escreve: "Uma mulher estará inclinada a repetir um pedido que ficou sem resposta porque está convencida de que seu marido faria o que ela pede se entendesse que ela realmente quer que ele o faça. Mas o homem que não quer parecer que obedece a ordens pode instintivamente esperar um pouco para fazer o que ela pediu, dando assim a impressão de que o que faz é por livre e espontânea vontade. O resultado é a reclamação, porque cada vez que ela repete o pedido, ele de novo demora a atendê-lo."

Perguntamos às mulheres: como o perfeccionismo afetou o relacionamento com seu marido?

> *Meu marido e eu nos preocupamos tanto com nossas carreiras, com os filhos, a casa, em nos mantermos em forma, que não o vejo muito. Simplesmente não tenho o casamento que pensei que teria. Não é um casamento perfeito e isso me chateia.*
>
> *Denise*

Meu marido e eu buscamos aconselhamento de tempos em tempos porque acredito que, se vamos ao médico uma vez por ano cuidar do corpo, por que não fazer o mesmo pela mente?

Susan

Às vezes meu marido respira alto demais enquanto dorme, então reclamo. Ele jamais faria o mesmo. Se eu conseguisse imaginar como não me chatear com coisas desse tipo, provavelmente seria mais feliz.

Helen

Sou muito exigente com o modo como gosto que as coisas sejam feitas. A maneira de arrumar a mesa, por exemplo. O garfo fica à esquerda. Se meu marido a arruma e coloca o garfo no lugar errado, preciso me segurar para não reclamar do que ele fez. No fim das contas, o que importa se os talheres não estiverem na posição correta? Posso até parecer um pouco obsessiva, mas não é isso. Quero apenas que as coisas sejam feitas como devem.

Cheryl

Perguntamos às mulheres: como o perfeccionismo afeta você na condição de solteira?

Como uma mulher de 38 anos que nunca se casou e que no momento não tem um relacionamento estável, acho que essa é a questão que primeiro me vem à mente em quase todas as situações, sobretudo quando vejo pessoas que não encontrava havia muito tempo. Sinto que de algum modo eu fracassei – que deixei passar a fórmula mágica que todo mundo parece ter entendido e decifrado.

Martha

Tenho padrões muito rígidos. Sei que não aceitar casar pode significar que acabarei sozinha, mas não me importo. Meus pais foram um excelente exemplo. Procuro um relacionamento convencional, como os da geração deles, que não é mais tão comum.

Mary

Meu perfeccionismo definitivamente me afasta dos homens. Nenhum homem parece bom o suficiente para mim ou para minha família. Sei quando gosto de fato de alguém porque consigo ver além de suas imperfeições.

Anna

Técnicas que você pode usar

Ser perfeccionista não a impede de ter relacionamentos satisfatórios. As técnicas apresentadas neste capítulo podem ajudá-la a construir uma rede social rica e compensadora.

REEXERCITE O CÉREBRO

Há um antigo ditado hebraico que resume com perfeição o significado de distorções cognitivas: "Não vemos o mundo como ele é. Vemos o mundo como nós somos." Decidi mencioná-lo porque acho que se aplica especialmente bem a relacionamentos. Muitas vezes não vemos as outras pessoas como elas são, mas como nós somos – ainda mais se formos perfeccionistas e esperarmos que os outros vivam de acordo com os padrões que estabelecemos para nós mesmas. Mesmo sem perceber, nossas distorções cognitivas podem dar às outras pessoas motivos, emoções e intenções que elas não têm. Distorções cognitivas podem tornar desproporcionais quaisquer comentários e reações dos outros e afetar o modo como tratamos aqueles que amamos.

A reestruturação cognitiva pode ajudá-la a ver os outros como eles de fato são. Isso lhe permite remover um filtro que está entre você e as palavras e ações dos outros para que possa vê-los com mais clareza pelo que são.

Uma das distorções mais comuns em relacionamentos é querer adivinhar o que se passa na cabeça do outro. Isso acontece o tempo inteiro: uma amiga ou uma pessoa querida está impaciente, mal-humorada ou com raiva. Se você cair na armadilha de adivinhar o que ela está pensando – o que acontece com a maioria das perfeccionistas –, talvez se responsabilize e considere que a culpa é sua. Ao agir assim, você se expõe a uma grande infelicidade desnecessária.

Quando tenta ler o que se passa na cabeça do outro, em geral você se julga a causa do mau humor dela. Considera-se responsável, haja ou não indício de que tem algo a ver com o que está ocorrendo com ela. Às vezes até se aborrece por ela estar zangada com você, mas na verdade nem *sabe* se esse é mesmo o motivo.

É impossível saber o que a outra pessoa – até seu marido ou sua melhor amiga – está pensando. Uma amiga pode estar chateada com algo que aconteceu no trabalho, mas você toma isso como ofensa pessoal porque supõe que ela está aborrecida por você ter se atrasado 15 minutos para o almoço que combinaram.

Ao invés de tentar adivinhar o que se passa com seu parceiro, pergunte o que está acontecendo. Faça um comentário do tipo "Você parece irritado. Tem alguma coisa a ver comigo? Se tiver, o que posso fazer para que se sinta melhor?" Se você de fato tiver contribuído para que ele esteja aborrecido, comente o assunto e tente endireitar as coisas. Se não tiver nada a ver com a história, lhe dê espaço. É mais fácil lidar com o mau humor de uma pessoa se você entendê-lo e souber que não contribuiu para a situação.

Inúmeras outras distorções cognitivas também prejudicam relacionamentos. Examine-as para ver se alguma delas lhe diz alguma coisa. Se disser, use as instruções do Capítulo 3 para mudar seus padrões de pensamento.

- **Distorção:** Supergeneralização

  Exemplo: Seu marido esquece que seu sutiã preferido só pode ser lavado à mão e o coloca na máquina. Você explode e diz que tudo o que ele decide fazer em casa sai errado.

Diga a si mesma: "Pelo menos ele tenta... Tantos maridos nem sabem onde fica a máquina de lavar. Melhor deixar que ele separe a roupa por lavar e se atrapalhe uma vez ou outra do que reclamar e ele desistir. De qualquer maneira, posso comprar outro sutiã."

- **Distorção:** Filtro mental
Exemplo: Quando sua mãe a visita, ela elogia sua roupa, sua casa e o jantar preparado especialmente para ela, mas a única coisa de que você consegue se lembrar é do comentário dela sobre a mancha na camiseta de seu filho pequeno.
Diga a si mesma: "Não é incrível que mamãe tenha se mostrado 75% positiva?"

- **Distorção:** Tirar conclusões precipitadas
Exemplo: Seu marido não lhe dá flores no Dia dos Namorados e sua reação é pensar que ele não se preocupa com você o suficiente para se lembrar de comprar um buquê de rosas.
Diga a si mesma: "Veja quanto dinheiro economizamos nas rosas, que ficam tão caras nesta época!" ou "É realmente importante para mim que ele me dê flores no Dia dos Namorados, por isso vou conversar com ele agora para deixar a questão bem clara e, no ano que vem, bastará lembrá-lo da data."

- **Distorção:** Cobranças excessivas e irreais
Exemplo: Você diz a si mesma que pessoas felizes no casamento nunca deveriam discordar ou brigar – quem ama de verdade deveria ser feliz o tempo todo.
Diga a si mesma: "Devo estar sonhando. Todos os casais discutem – é bom para um relacionamento que surjam pequenas divergências e discussões antes que elas se tornem problemas gigantescos."

- **Distorção:** Busca de aprovação
Exemplo: Você se oferece para fazer favores desnecessários para sua vizinha porque quer que ela goste e tenha uma impressão favorável de você.
Diga a si mesma: "Preciso de fato ser amiga de alguém que quer se aproveitar de mim? Se ela não gostar de mim pelo que sou, não é uma amizade que valha a pena ter."

APRENDA A CONVERSAR EM VEZ DE BRIGAR

Desentendimentos são inevitáveis em todo relacionamento, por isso é uma grande ideia desenvolver boas estratégias de comunicação que ajudem a solucionar conflitos pela conversa, não pela briga. Apresento a seguir algumas dicas que funcionam com amigos, membros da família, marido ou qualquer pessoa com quem você discuta:

- **Limite-se à reclamação em questão.** Se estiver brigando porque a pasta de dente ficou destampada, não passe de repente a se queixar de que é a única pessoa da casa que leva o cachorro ao veterinário. Evite "lavar a roupa suja" toda de uma vez.
- **Nas frases, refira-se a si mesma, não ao outro.** Em vez de dizer "Você não tem consideração comigo", diga "Fico chateada quando você me critica".
- **Evite linguajar rude.** Palavrões, apelidos e rótulos depreciativos e acusações de incompetência e burrice servem apenas de combustível para aumentar a fogueira.
- **Pense antes de falar.** Pergunte a si mesma: o que estou prestes a dizer é rude demais? Eu gostaria que alguém falasse assim comigo? Ainda que eu me sinta bem se disser isso agora, nosso relacionamento não seria prejudicado a longo prazo? A outra pessoa ficaria magoada?
- **Se estiver errada, admita.** Não é fácil para uma perfeccionista, mas faz bem ao relacionamento reconhecer os erros e pedir desculpas. Admitir um erro não significa que você fracassou – ao contrário, sugere um compromisso maduro e atencioso com a outra pessoa.
- **Pense bem antes de começar uma briga à toa.** Às vezes é melhor simplesmente deixar as coisas como estão.
- **Diga algo engraçado.** Depois de uma briga, meu marido e eu atribuímos porcentagens de culpa. Ele diz: "Assumo 78% da culpa." Ou, se eu fui injusta, digo: "Assumo 84% da culpa." É

uma forma bem-humorada de quebrar a tensão e mudar de assunto.

- **Tente não guardar ressentimento.** Joan Borysenko, psicóloga, escritora e uma de minhas mais antigas mentoras, afirma que guardar ressentimento é como segurar uma brasa na mão – sua intenção é atirá-la em alguém, mas você acaba se queimando. Tente solucionar conflitos em vez de se queimar com ressentimentos.
- **Faça um minirrelaxamento.** Eles podem ajudá-la a se acalmar para que consiga conversar sem discutir. Você pode fazer um antes, durante ou depois de um conflito e a outra pessoa nem vai saber.

EVITE DIZER "É DO MEU JEITO OU CAIA FORA"

Muitas discussões começam quando uma perfeccionista insiste que seu ponto de vista é o certo e todos os outros estão errados. Sim, há vezes em que o seu método é o melhor e o único, mas em geral há uma ou duas maneiras igualmente boas de executar uma tarefa. Lembre-se disso se você, por exemplo, acaba de ter um bebê. Tenho visto muitos casos de pais de primeira viagem que tentam cuidar da criança, mas recuam em razão das críticas das esposas. Se for um problema que envolve segurança, vá em frente e corrija-o; do contrário, tente dar espaço e deixá-lo participar. Não existe apenas um modo correto de trocar uma fralda ou fazer um bebê arrotar.

ENTENDA AS ORIGENS DO SEU PARCEIRO

Quando é a vez de seu marido preparar o jantar, ele repete o cardápio: peito de frango grelhado, purê de batata e salada. Você se aborrece porque ele não faz pratos diferentes. Ele, no entanto, acha que o fato de saber cozinhar é uma grande vantagem. Por que suas opiniões são tão conflitantes?

É importante compreender a origem de seu marido sob o ponto de vista cultural. A maioria dos homens que estão agora com 50, 60 anos teve pais que não ajudavam em casa – nunca trocaram uma fralda, não sabem usar o aspirador de pó nem preparar uma refeição, à exceção de ovos mexidos. Tudo o que precisavam era prover o sustento da casa. Hoje, o papel de um marido e pai é muito diferente do que era há 50 anos. É preciso reconhecer isso.

Os homens de nossa geração sentem-se orgulhosos de fazer muito mais coisas em casa do que os pais deles faziam. Acreditam que estão sendo parceiros excelentes, embora suas esposas perfeccionistas os critiquem sem parar.

Sem dúvida há os preguiçosos e os relaxados. Mas estou falando daqueles que tentam de fato cooperar. Quando suas esposas perfeccionistas exigem padrões completamente fora da realidade, não é de admirar que fiquem chateados e se afastem. Eles acham que são ótimos porque estão ajudando e elas os deixam frustrados ao reparar somente em seus defeitos. Como todo mundo, eles querem ser elogiados. Quando não há reconhecimento, param de contribuir e a vontade de participar se transforma em ressentimento e raiva.

Muitas perfeccionistas sabem que estão sendo injustas, mas acham muito difícil mudar seu jeito de agir. Se é assim que você se sente, fico feliz em lhe dizer que há certas técnicas que poderão ajudá-la, e muito.

RESERVE UM TEMPO PARA SENTIR GRATIDÃO

Quando você está ocupada demais com críticas ao seu marido imperfeito, é fácil esquecer quanto o ama. Tente observar de fora e cultivar sentimentos de gratidão, como faz Kimberly:

> *Tento manter a perspectiva e ser grata. Há alguns anos, meu marido e eu tivemos problemas conjugais sérios, por isso penso em como me sinto bem com relação ao ponto em que estamos e para onde nos dirigimos. Mesmo no pior dos momentos, tento*

lembrar que, por pior que esteja a situação, ela está boa. Meus momentos ruins não são de fato tão ruins. Quando mantenho as coisas em perspectiva e me lembro de me sentir grata, fico feliz com minha vida.

COMECE COM PEQUENOS PASSOS

É irreal pensar que uma esposa perfeccionista consegue mudar seu jeito da noite para o dia. Mas você pode dar pequenos passos de cada vez. Eu mesma já fiz isso: quando tiro os lençóis da secadora, dobro-os com cuidado. Para meu marido, entretanto, não há nada de mais em dobrá-los de qualquer jeito e enfiá-los no armário. Isso me incomoda muito, mas sabe de uma coisa? Lençóis dobrados de qualquer jeito caem tão bem na cama quanto os dobrados com cuidado. Como exemplo de um pequeno passo que você pode dar é deixar de querer que os lençóis sejam dobrados com perfeição.

Descubra em que áreas você pode fazer mais progressos ao mudar seu comportamento. Escolha o que lhe for menos penoso. Volte ao teste no início do livro, procure as áreas em que suas notas como perfeccionista são as mais baixas e comece a dar seus pequenos passos a partir dali. Para mim, é o trabalho de casa – o modo como se dobra a roupa quando tirada da máquina, por exemplo. Para outra pessoa, pode ser a maneira como o jantar é preparado. Haverá questões em que você não conseguirá ceder. Converse com seu marido e diga: "Sei que estou sendo um pouco irracional, mas ver migalhas na bancada da cozinha me incomoda muito." Se ele vir que você está tentando se liberar de seu perfeccionismo em outras áreas, é provável que aceite sua bronca com relação às migalhas.

Deixe claro para seu marido que você está se esforçando para ser um pouco menos perfeccionista. Diga-lhe que precisa de seu apoio – peça que a elogie quando você relevar alguma coisa e que a felicite quando perceber suas tentativas.

VERIFIQUE A REALIDADE

Na época do Natal, você corre de um lado para outro comprando dezenas de presentes para a família, os amigos, professores, colegas de trabalho e vizinhos. Ao vê-la tão agitada, seu marido pergunta: "Por que você simplesmente não corta algumas pessoas da lista e dá menos presentes?" Você tem vontade de rir – é bem típico dos homens não ter ideia da importância de dar presentes. Mas depois vem a dúvida: e se ele tiver razão? Ele disse isso apenas por dizer ou você está sendo perfeccionista?

São perguntas difíceis, porque temos a tendência a achar que nosso modo de fazer as coisas é o correto. Mas o perfeccionismo não nos permite ver com clareza. Procure formas de desanuviar sua visão. Pergunte a amigas que não são perfeccionistas nem negligentes o que elas fariam. Volte ao teste no início do livro e revise as partes em que o perfeccionismo recebeu as maiores notas – se seu marido se queixa de uma área em que seu perfeccionismo é exagerado, ele pode ter tocado em um ponto em que você precisa mudar.

Quando você e seu marido mencionarem pontos como esses, discutam o assunto. Procurem zonas de conciliação. Ajudem um ao outro para chegar aonde ambos se sintam à vontade. Isso requer esforço, eu sei, mas no fim o benefício é mútuo.

NÃO PENSE SÓ EM AGRADAR

Em um relacionamento saudável, as duas partes dão e recebem. Preocupam-se um com o outro, se comunicam abertamente, encontram um meio-termo (ou alternam as decisões), retribuem os gestos afetuosos e partilham igualmente os benefícios da união. Em um relacionamento em que uma das partes quer agradar o tempo todo, a ligação é muito mais unilateral.

No livro *The Disease to Please*, Harriet B. Braiker apresenta de maneira muito clara como são as pessoas que só querem agradar:

Os 10 mandamentos de quem só pensa em agradar

1. *Eu deveria sempre* fazer o que as outras pessoas querem, precisam ou esperam de mim.
2. *Eu deveria* cuidar de todas as pessoas ao meu redor, quer peçam ajuda ou não.
3. *Eu deveria sempre* ouvir os problemas de todos e fazer o possível para solucioná-los.
4. *Eu deveria sempre* ser gentil e jamais ferir os sentimentos das outras pessoas.
5. *Eu deveria sempre* colocar as necessidades e os interesses das outras pessoas em primeiro lugar.
6. *Eu jamais* deveria dizer não a alguém que precise de mim ou me peça alguma coisa.
7. *Eu jamais deveria* decepcionar alguém nem deixar outras pessoas se sentirem mal sob qualquer hipótese.
8. *Eu deveria sempre* estar feliz e animada e jamais demonstrar sentimentos negativos com relação aos outros.
9. *Eu deveria sempre* tentar agradar as outras pessoas e lhes proporcionar felicidade.
10. *Eu deveria* tentar *jamais* sobrecarregar as outras pessoas com meus problemas ou necessidades.

Essa lista talvez a faça rir – quem de fato faria tudo isso? A verdade é que muitas pessoas fazem. Reveja a lista e substitua "outras pessoas" por "meu marido", "minha mãe" ou "minha melhor amiga" e talvez você se descubra uma pessoa que deseja agradar o marido, a mãe ou a melhor amiga mais do que imaginava. Se for esse o caso, tente ficar mais atenta ao seu comportamento exagerado de agradar os outros – reconhecê-lo é o primeiro passo para modificá-lo. Use a reestruturação cognitiva para modificar seus pensamentos e comportamentos e tente entender por que sente necessidade de agradar as pessoas.

Harriet Braiker sugere repassar a lista e reescrevê-la, substituindo cada frase por um pensamento corretivo personalizado.

Por exemplo, em vez de "Eu deveria sempre fazer o que minha mãe quer, precisa ou espera de mim", diga: "Sei que nem sempre tenho de fazer o que minha mãe quer, precisa ou espera de mim. Posso decidir fazer quando e se eu quiser."

O poder da amizade

Para as mulheres, o poder da amizade não deve ser considerado um exagero. Estudos mostram que o apoio social é importante para a boa saúde física e mental. Em comparação com quem carece de apoio social, as pessoas que possuem uma rede de amigos e familiares afetuosos têm maior probabilidade de se exercitar, ficar menos estressadas, dormir melhor, ser menos rabugentas, fazer exames médicos com regularidade e ter uma vida mais longa. Passar algum tempo na companhia daqueles que amamos ajuda a baixar a pressão arterial, aumenta a imunidade, promove a cura, reduz sensações de depressão e ansiedade e eleva a autoestima. Ter um grupo sólido de amigos e membros da família atenciosos intensifica sentimentos positivos durante os bons períodos e ajuda a suportar com mais tranquilidade os momentos de crise.

Quando as mulheres se apaixonam, às vezes deixam os amigos de lado. Dependem de seus maridos e esperam que eles satisfaçam suas necessidades, o que é um grande erro. Por mais fantásticos que sejam os maridos, elas sempre precisarão dos amigos.

Isso não quer dizer que os relacionamentos de amizade não se modifiquem à medida que a própria vida muda. É o que acontece comigo. Quando eu era solteira, achava mais divertido sair com amigas também solteiras. Desde que eu e meu marido nos casamos, temos muitos assuntos para falar com outros casais. Depois que nossos filhos nasceram, passamos a ter mais em comum com outros pais. Isso acontece com a maioria das pessoas. No entanto, embora seja da natureza humana querer desfrutar da companhia de pessoas com as quais se tem muito em comum, é realmente importante você manter amizade com outras mulheres, qualquer que seja o seu estado civil e independentemente de terem filhos ou não. Os casamentos podem acabar, os filhos crescem, mas as amizades podem durar para sempre, contanto que sejam alimentadas.

Na sociedade contemporânea, as mulheres estão isoladas. Não é assim que deve ser. Em sociedades mais antigas, elas cuidavam umas das outras. Suas mães, irmãs, tias e parentas mais próximas moravam perto e todas conheciam os vizinhos. Há 100 anos, os recém-casados moravam perto da casa dos pais – ou até mesmo nela. Era como no filme *Casamento grego*. Quando nascia uma criança, todas as mulheres da família corriam para cuidar da mãe e do bebê e preparar o jantar para o pai e os outros filhos. Se a mãe precisasse de alguém para tomar conta das crianças, podia mandá-las para a casa da vizinha ou da irmã por algumas horas. Anos mais tarde, quando a avó ficasse mais velha e tivesse problemas de saúde, suas filhas, noras e netas tomariam conta dela.

Isso não acontece mais. No espaço de apenas uma ou duas gerações, muitas mulheres perderam suas redes de apoio feminino. Nas décadas de 1950 e 1960, uma mulher que dava à luz permanecia no hospital por uma semana. As amigas e as mulheres da família mantinham a casa em andamento. Mas hoje não é sempre assim. Após o parto, a mãe ou a sogra pode ajudar durante alguns dias, porém a maioria das mulheres descobre que em muito pouco tempo tem que se virar sozinha.

Amigas perfeitas

Pessoas perfeccionistas dão muito aos amigos e esperam muito em troca, mas isso pode lhes trazer decepção. Todos precisam estabelecer seus próprios padrões. Se você quiser fazer alguma coisa para seus amigos, faça porque gosta, não porque espera que eles retribuam. Isso não quer dizer que não devemos esperar nada deles. Se forem amigos verdadeiros, estarão prontos para ajudar quando precisarmos.

Tente manter suas amizades em equilíbrio. Se tentar fazer coisas em excesso para ou com seus amigos, eles podem se afastar e se sentir culpados e constrangidos. Se, como fazem algumas perfeccionistas, você dá às amigas presentes tão caros que elas não têm condições de retribuir, a amizade pode parecer desequilibrada. Ninguém gosta de ter relacionamentos assim.

Desafios da amizade

Pode ser difícil ser uma boa amiga – quase chego a pensar que é mais fácil ser uma boa mãe ou esposa, porque as regras são mais claras nessas relações. Mas ser uma boa amiga requer sensibilidade e juízo. Quando algo vai mal na vida de uma amiga sua, você não pode ser invasiva, mas também não quer ficar distante. Quer trocar ideias e oferecer conselhos, mas não quer ofender. A amizade é algo delicado e é preciso cuidar para que não seja desfeita. Temos uma ligação com os parentes, mas os amigos podem ser perdidos. As expectativas entre amigos podem variar, como sabe Helen:

> *Sei que é esperar demais, mas quero que cada uma seja para mim a amiga do peito que sou para elas. Isso, porém, leva à decepção. Minha vida seria melhor se eu conseguisse me desligar um pouco de minhas amigas íntimas. Tenho um pouco de ciúme quando uma delas faz amizade com outra pessoa. Mas isso é algo que estou tentando corrigir.*

Com frequência, perfeccionistas projetam nas amigas seus próprios padrões sobre como criar filhos, manter a casa, ou ter sucesso na vida profissional. Isso acarreta problema para as amizades. Você pode amar suas amigas apesar de elas terem ideias completamente diferentes das suas.

Às vezes supervalorizamos as amizades, mas isso não é problema. Você pode achar que, quando é amiga de alguém, precisa continuar amiga para sempre. Mas as pessoas mudam e as experiências de vida se modificam. Se você acha que está sempre telefonando para alguém que jamais lhe telefona, talvez seja hora de deixar a amizade um pouco de lado. Se achar melhor não ser tão radical, discuta a relação aberta e francamente com a amiga. Pergunte por que ela não telefona – se não quiser falar cara a cara, mande um e-mail. Talvez ela esteja enfrentando algum problema que você desconhece. De um jeito ou de outro, tente não demonstrar raiva e ressentimento.

É bom ter diferentes tipos de amizade. Meu marido se refere aos nossos amigos mais próximos como "amigos de trincheira", porque se surgir um problema, podemos ligar para eles de madrugada e eles estarão na nossa casa assim que puderem, sem fazer perguntas. Outros amigos servem de companhia nos momentos divertidos, mas não seria necessariamente para eles que telefonaríamos em uma situação de crise. Não se pode esperar que todos os amigos sejam amigos de trincheira *e* festeiros.

Algumas de minhas amigas jamais animariam uma festa, mas só eu sei quanto me ajudaram quando minha mãe morreu. Precisamos entender as aptidões dos diferentes amigos. Não é que eles necessariamente não queiram estar ao nosso lado nos momentos ruins, mas podem não ter condições. Algumas pessoas não sabem como ajudar em uma crise – não conseguem lidar com a ideia de doença ou morte, por exemplo.

FAÇA DA AMIZADE UMA PRIORIDADE

As mulheres são geneticamente programadas para cuidar de outras pessoas, até de outras mulheres. Isso funcionava bem no tempo de nossas avós. Agora, no entanto, seguimos o impulso genético de cuidar dos outros, mas ninguém cuida de nós. É uma grande mudança. Se ninguém toma conta de você, trate de fazê-lo você mesma – o que raramente acontece, uma vez que cuidar de si mesma tende a ir para o fim da lista de coisas a fazer da maioria das mulheres. Família, trabalho, afazeres domésticos e responsabilidades comunitárias vêm na frente e parecem tomar tanto tempo que não sobra sequer um minuto para você. E não há um grupo de amigas, parentas e vizinhas prontas a aparecer no momento em que você precisa delas. É possível reverter essa situação quando se faz da amizade uma prioridade.

Boas amizades nos dão espaço para explorar nossos pensamentos, sentimentos e desafios. "Falo com minha melhor amiga três ou quatro vezes por semana", conta Debra. "Solucionamos todos os nossos problemas por telefone. Ela ocupa uma parte imensa de minha vida."

As amizades nos dão perspectiva, apoio e amor diferentes dos que recebemos de nossos maridos ou da família. "Eu estava passando por um período realmente muito difícil poucos anos atrás", relembra Kathleen. "Minha melhor amiga me mandou um e-mail que dizia: 'Só quero que você veja em si mesma o que todos já conhecem e amam.' Essa mensagem ficará gravada na minha memória para sempre e foi crucial para a minha decisão de olhar para mim mesma de modo mais positivo."

Se você não tem uma rede de apoio de amigos e da família já pronta – no caso de ter se mudado há pouco para uma nova cidade, por exemplo –, dedique algum tempo a criar uma. Não é fácil, ainda mais se você for mãe e trabalhar fora, mas é possível. Susan Ahern e o Dr. Kent G. Bailey, autores do livro *Family by Choice: Creating Family in a World of Strangers*, dão o seguinte conselho: "Na sociedade atual, muitos de nós precisam escolher novas estruturas familiares para conseguir sobreviver. Se as famílias de sangue não estão por perto, geográfica ou emocionalmente, podemos criar famílias de apoio." Como? Procurando pessoas com interesses semelhantes aos seus entre os vizinhos, na igreja ou no local de trabalho e arrumando tempo para se relacionar com elas.

Se você é mãe e trabalha fora, construa relacionamentos de apoio mútuo. Não se limite às mulheres da sua idade – ter amigas de diferentes faixas etárias faz bem para a alma. Criar vínculos com uma vizinha mais velha pode ser benéfico para ambas: ela pode dar uma olhada nos seus filhos enquanto você vai até o supermercado e você pode evitar que ela vá até lá trazendo o leite, os ovos e o pão da lista de compras que ela preparou. Precisamos dessas redes de apoio por razões práticas e emocionais.

ABRA SEU CORAÇÃO

Muitas mulheres acham difícil pedir ajuda – não querem que pensem que estão tirando vantagem de amigas, vizinhas e pessoas da família. A maior parte das mulheres não se importa de ajudar quem também as ajuda. Vi isso na prática pouco tempo atrás. Por acaso ouvi duas mães na escola de minha filha se queixando da dificuldade de apanhar os filhos na escola e levá-los para as atividades extracurriculares. Quando perceberam que os filhos frequentavam o mesmo grupo de xadrez, imediatamente entraram em acordo: uma levaria as crianças e a outra as buscaria.

Abrir-se para amigos pode ser difícil para perfeccionistas, mas insisto que é preciso tentar, porque pode levar a amizade a um patamar novo e muito satisfatório.

Encontrar tempo para os amigos nem sempre é fácil, mas se você fizer da amizade uma prioridade, descobrirá uma forma de se encontrar com eles ainda que esteja muito ocupada. Faço uma hora de caminhada todos os fins de semana e sempre tento conseguir uma amiga para me fazer companhia. Como estou decidida a fazer a caminhada, seria ótimo aproveitar a oportunidade para me encontrar com uma amiga. Há inúmeras maneiras de encaixar no meio de outras obrigações um tempo para ficar com os amigos – se você precisa ir a um encontro de pais na escola, vá com uma amiga e aproveite a viagem para botar a conversa em dia. Se pensa em ficar em casa com os filhos a tarde inteira, telefone para uma amiga e a convide para visitá-la com os filhos, assim vocês podem tomar um café enquanto as crianças brincam. Se você for criativa, encontrará várias maneiras de ter mais amigas à sua volta. Isso lhe trará muita alegria.

Expectativas da família

Essa é uma questão profunda e sinto que mal consigo chegar à superfície. As expectativas da família são forças enormes, irresistíveis, que impulsionam as perfeccionistas como folhas em um dia de muita ventania.

Parentes competem entre si. Alguns pais servem de modelo para o comportamento perfeccionista; outros, para o extremo oposto. As famílias nos dão rótulos como "a boazinha", "a inteligente". Até avós, tios e primos se envolvem, dando opiniões e fazendo julgamentos.

As expectativas da família podem fazer disparar todos os alarmes do seu perfeccionismo, que são influenciados por sua infância, culpa, insegurança e medo de rejeição. Tendem a alcançar o ponto de ebulição durante as festas de fim de ano, com a troca de presentes, a decoração, a preparação da comida e tudo mais que possa trazer recordações. Quando estamos com nossos familiares, parece que ainda desempenhamos papéis há muito ultrapassados – uma mulher adulta ainda pode ser chamada de "bagunceira" simplesmente porque, quando criança, espalhava comida por todo lado. Se você cresceu sendo considerada perfeccionista, talvez sinta que precisa continuar a desempenhar esse papel na frente dos pais.

Ainda que tenha saído de casa aos 18 anos e feito anos de terapia, você continua a ser criança quando está com sua família.

Perfeccionistas gostam de rotina, por isso pode ser difícil para elas perceber que as coisas mudam. O mundo pode parecer distorcido, por exemplo, quando seus pais focam nas próprias vidas, não na sua, ou quando o pai ou a mãe morre e o cônjuge sobrevivente se casa de novo. Ver seus pais de repente se tornarem imprevisíveis pode realmente abalar seu mundo.

Você não pode mudar de família, mas pode mudar seu modo de pensar e interagir com ela. Dê um passo atrás e pergunte-se o que a incomoda em relação à sua família. Por que se sente irritada, triste, zangada ou impaciente com seus familiares? Registre em seu diário o relacionamento que tem com seus pais e irmãos. Pense nas expectativas que eles têm a seu respeito e o que você espera deles.

Faça uma lista de suas três maiores preocupações. Com a ajuda das técnicas de reestruturação cognitiva, pergunte a si mesma de onde vêm essas preocupações, se elas lhe causam estresse e o que fazer para acabar com elas, evitá-las ou reestruturá-las para que não a deixem tão ansiosa. Experimente também as outras técnicas para criar relacionamentos apresentadas neste capítulo – elas podem dar certo para todos, até para sua mãe.

Infelizmente não existe uma família perfeita, embora possa ser algo bom reconhecer esse fato. Os pais mudam com o tempo, assim como os irmãos, por isso suas necessidades e sua capacidade de amá-la e apoiá-la variam. É fácil esquecer, mas você precisa se esforçar para manter as relações familiares, do mesmo modo que precisa se esforçar para manter o casamento e as amizades. Isso quer dizer que você também tem o direito de ser feliz e, se as expectativas de sua família bloqueiam o caminho, é seu direito rejeitá-las.

CAPÍTULO 9

Não se preocupe se você for uma mãe imperfeita

De modo geral, sou bem despreocupada, mas quando se trata de meus filhos, sou muito mais perfeccionista do que eu mesma poderia esperar. Isso começou durante minha gravidez, quando me tornei muito meticulosa com relação à alimentação e às quantidades corretas de vários nutrientes que ingeria todos os dias.

Eu queria que meu filho nascesse de parto normal, sem que eu precisasse tomar anestesia, e consegui. Para mim, foi realmente importante ter controle sobre o seu nascimento. Depois de três horas fazendo força, o médico precisou tirá-lo a fórceps. Fiquei muito feliz e aliviada com o fim de todo o esforço – e nem preciso dizer que estava exultante por meu filho ter nascido saudável –, mas até hoje penso que o uso do fórceps foi uma intervenção "não natural" que frustrou o que poderia ter sido um belo parto normal.

Relembrando agora meus primeiros dias como mãe, percebo que devo ter tido depressão pós-parto. Todas as outras mães que eu conhecera durante as aulas de preparação para o parto saíam e frequentavam aulas de exercícios pós-natal poucas semanas após o parto, mas eu não conseguia me levantar antes do meio-dia. Sentia muita raiva de mim mesma por não ser uma mãe emocionalmente mais estável. Meu filho teve alergia a vários alimentos que comi enquanto o amamentava e precisei cortar um após o outro. Estava perdendo peso depressa demais, não ingeria os nutrientes de que ele e eu precisávamos e vivia exausta por-

que toda noite ele acordava quatro ou cinco vezes para mamar. Além disso, eu voltara a trabalhar quando ele tinha apenas dois meses – não quis aproveitar os três meses de licença-maternidade porque achei que meu empregador poderia pensar que eu não levava minha carreira a sério. Parei de amamentar depois de quatro meses porque achava que estava na hora, mas lamento ter tomado essa decisão.

Na época em que meus filhos começaram a dar os primeiros passos e até a pré-escola, consegui reduzir minhas expectativas e meu perfeccionismo. No entanto, se uma criança da mesma idade caminhava, falava ou aprendia a ler antes dos meus filhos, eu sentia o que chamava de "angústia do fracasso". Não chegava a ficar totalmente transtornada, mas eu dizia a mim mesma, em silêncio, que se um filho meu não estava tão adiantado quanto outras crianças era em consequência de uma falha minha – porque eu trabalhava fora e as crianças iam para a creche, ou porque eu não lia o suficiente para eles, ou porque não os levava para o parquinho ou por qualquer outro motivo.

Li todos os livros que recomendam que as crianças comecem a aprender a tocar violino, falar uma língua estrangeira e praticar esportes quando ainda são muito pequenas e suas mentes são como esponjas para absorver novas informações, mas me faltava tempo e energia para levá-las a tantas atividades diferentes. Eu me sentia culpada por perder essas oportunidades intelectuais e artísticas, condenando meus filhos a uma vida de mediocridade.

Agora que estão na escola, nossa preocupação é com relação ao rendimento acadêmico deles. Meu filho mais novo estuda muito, porém o mais velho acha que uma nota média é o suficiente – na verdade, ele me disse isso com todas as letras e seu professor confirmou que ele estuda apenas o bastante para passar.

Tivemos uma longa conversa sobre o assunto, mas enquanto eu dizia "Você precisa aproveitar todo o seu potencial", eu pensava "Filho meu jamais ficará apenas na média".

Depois disso, comecei a prestar muito mais atenção ao seu rendimento na escola e aos deveres de casa. Foi um desastre até eu perceber que o repreendia por cada erro cometido. Agora, em vez de olhar sua lição de casa depois de feita e criticá-lo por não alcançar as minhas expectativas, conversamos antes de ele começar e eu o oriento. Estou tentando manter o foco na qualidade do seu esforço, não no resultado. Mas ainda não tenho certeza do que fazer com relação aos erros. Quando ele se esforça muito para fazer uma redação, elogio seu empenho, mas também faço um círculo nos erros de ortografia. Ele pergunta por que preciso sempre encontrar algum erro na sua lição. O que eu deveria fazer? Deixar que ele escreva errado sem corrigi-lo?

Catherine

O perfeccionismo é um alvo móvel para os pais. Como mostra Catherine no relato anterior, muitas vezes é difícil saber a diferença entre consciência racional e cautela irracional. Entre elas, há um limite incrivelmente tênue. Se a babá de seu filho aparece com um resfriado e você a manda para casa porque não quer que a criança adoeça, você está sendo racionalmente sensível ou está irracionalmente ansiosa? E se proíbe o filho de 14 anos de fazer piercing no nariz? Ou não deixa o filho de 11 anos assistir a filmes proibidos para menores de 13 anos que todos os garotos da vizinhança assistem? Ou não permite que seu filho de 21 anos leve a namorada nova para dormir em sua casa no sábado à noite? Você diria para Catherine corrigir os erros de ortografia do filho ou elogiá-lo pelo esforço e relevar os erros?

Não precisei me submeter a um teste para saber que tenho algumas tendências perfeccionistas e por isso, quando minha primeira filha nasceu, resolvi que não iria assumir o papel de modelo de perfeccionismo. Assim que ela começou a entender o que se falava, cada vez que eu fazia alguma coisa errada, mostrava a ela. "Veja, Sarah, a mamãe derramou um pouco de leite. Mas não faz mal." "Poxa, Sarah, me esqueci de virar naquela esquina, agora preciso fazer o retorno." "Droga, queimei os biscoitos. Não tem problema, faço outros."

Como minha especialidade é psicologia infantil, pensei que incentivar a tolerância aos erros permitiria às minhas filhas aceitá-los de forma saudável. Então você pode imaginar o horror que foi meu primeiro encontro com a professora de Sarah no jardim de infância. A primeira coisa que ela nos perguntou foi se meu marido e eu éramos perfeccionistas! Ela explicou que nos fez a pergunta porque tinha notado comportamentos perfeccionistas em Sarah. Isso é uma prova (na minha cabeça, pelo menos) de que algumas dessas tendências são de fato genéticas.

Não é fácil perceber onde se situa o limite que demarca o perfeccionismo dos pais, mas se você ultrapassá-lo regularmente, é possível que prejudique seu filho. Detesto parecer alarmista – Deus sabe quanto as pessoas perfeccionistas já se sentem culpadas. Mas se você estiver sendo perfeccionista na criação dos filhos, seria bom para os dois lados que tentasse mudar esse comportamento. Posso ajudá-la, mas primeiro preciso contar o que está em jogo.

Filhos ansiosos

A pesquisa mostra que filhos de pais perfeccionistas correm um risco elevado de apresentar ansiedade geral, ansiedade social (com dificuldades para interagir com outras pessoas), depressão, distúrbios alimentares, irritação, problemas de imagem, autoestima baixa e rebeldia adolescente. Podem desenvolver medo de cometer erros, medo de serem julgados com severidade pelos outros, falta de autoconfiança e relutância em falar ou ler na frente de estranhos. Em outras palavras, filhos de perfeccionistas correm o risco de se tornar perfeccionistas e de sofrer muitas das mesmas consequências enfrentadas por adultos perfeccionistas.

Os problemas muitas vezes começam a aparecer quando a criança está na escola. Crianças que crescem acreditando que não vivem de acordo com as expectativas podem experimentar autoestima baixa. Podem demorar tanto fazendo seus projetos escolares que não conseguem acabar os trabalhos a tempo. Ou talvez até desistam porque sentem que, por mais que se esforcem, jamais conseguirão fazer o suficiente para satisfazer os pais.

Início precoce

Pesquisadores do Smith College encontraram indícios de ansiedade relacionada ao perfeccionismo em crianças ainda na terceira série. Em um dos estudos, a psicóloga Patricia DiBartolo pediu a alunos de terceira, quarta e quinta séries que executassem tarefas no computador. Descobriu que mesmo antes de iniciá-las, as crianças perfeccionistas davam a entender que teriam desempenho pior do que as não perfeccionistas, sugerindo um elo entre perfeccionismo e autoestima baixa. Também descobriu que crianças perfeccionistas revelavam muito mais ansiedade e insatisfação com seu desempenho nas tarefas no computador, mesmo quando as executavam tão bem quanto os colegas não perfeccionistas. "Crianças com essa característica são apanhadas em um círculo vicioso", observa Patricia. "Quando começam uma tarefa ou um projeto, sentem-se menos capazes de ter êxito, ficam ansiosas e ainda avaliam seu desempenho de modo mais negativo que seus colegas não perfeccionistas."

A criação perfeccionista é particularmente prejudicial às filhas, que tendem a seguir o modelo de comportamento de suas mães. Conscientemente ou não, a mãe influencia a imagem do corpo da filha, os hábitos e comportamentos alimentares, a atividade física e os sentimentos de autoestima. Uma mãe perfeccionista que jamais está satisfeita com sua aparência ou seu desempenho, se coloca para baixo, nunca admite erros, faz comentários críticos sobre si mesma ou sobre os outros, tem medo de falhar ou se preocupa com a perda de peso transmite esses pensamentos e comportamentos à filha, elevando o risco de esta desenvolver distúrbios alimentares.

Os distúrbios alimentares são o que mais temo para minhas filhas. Durante minha residência hospitalar, trabalhei em uma unidade de internação no Hospital Infantil de Boston e fiquei impressionada com as meninas hospitalizadas por anorexia. É fundamental que a mãe insista na aceitação das imperfeições físicas e do feitio do corpo em vez de se queixar dos quilos extras na presença das filhas.

Abordei esse tópico em uma palestra que fiz em Michigan. Uma senhora se levantou e perguntou à plateia: "Quantas de vocês podem dizer que são realmente bons modelos para suas filhas com relação à imagem do corpo? Quantas vezes comentaram, na presença delas, que ficam gordas com determinada roupa? Ou que precisam emagrecer?" E praticamente todas as mulheres da plateia admitiram que de fato tinham feito tais comentários muitas e muitas vezes diante das filhas. É claro que seríamos todas mais saudáveis se nos livrássemos dos quilos extras. Mas focar na saúde, não no peso ou na aparência, é o caminho certo.

Falhas de criação

O perfeccionismo pode começar a desempenhar um papel importante no comportamento e na emoção dos pais antes mesmo de a criança ser concebida. Muitas das pacientes que receberam o diagnóstico de infertilidade a quem fiz aconselhamento descreveram a incapacidade de engravidar como um dos maiores fracassos de suas vidas, embora a infertilidade em geral seja causada por fatores que fogem do controle da mulher. Mulheres perfeccionistas relataram a raiva e a decepção que a infertilidade lhes trazia porque, diferentemente de tantos outros desafios em suas vidas, elas não podem se tornar férteis com trabalho duro e esforço perfeccionista.

O perfeccionismo floresce durante a gravidez e o parto, como mostra a história de Catherine no início deste capítulo. Mulheres perfeccionistas querem fazer tudo "certo" para que tenham gravidez e parto perfeitos e um bebê perfeitamente saudável. Como em quase todos os outros aspectos da vida, a mulher pode fazer tudo certo durante a gravidez e ainda assim sentir desconforto e ter complicações médicas. Bebês prematuros ou com problemas graves podem nascer das mães mais saudáveis e conscienciosas, porque muitos dos fatores que contribuem para essas dificuldades estão acima do controle delas.

Não estou dizendo que mulheres grávidas *não* tenham controle sobre o destino de seus bebês. Muito pelo contrário: ingerir alimentos nutritivos, tomar vitaminas no período pré-natal, evitar o fumo e outras toxinas ambientais, não ganhar mais do que apenas o peso recomendado e seguir outras recomendações pré-natais pode reduzir consideravelmente o risco de dar à luz um bebê com problemas de saúde. No entanto, mesmo que siga as recomendações até os mínimos detalhes, é impossível exercer um controle completo. Isso pode ser frustrante e assustador para perfeccionistas.

O perfeccionismo pode continuar a se manifestar após o nascimento do bebê e durante a infância. Se você trabalha fora, talvez demita uma série de babás por achar que nenhuma atende às suas expectativas. Se largar o emprego para ficar em casa com o bebê, é provável que ache que precisa ser a mãe mais perfeita do mundo.

A adolescência, com suas explosões emocionais aleatórias e seus comportamentos imprevisíveis, põe à prova ainda mais o perfeccionismo dos pais. E o início da vida adulta exige que pais perfeccionistas façam o que detestam: deixem de se preocupar.

Pais perfeccionistas podem esperar conquistas acadêmicas importantes e desempenho atlético insuperável. Infelizmente, sob essas expectativas se encontra a decepção: nos desapontamos quando nossos filhos não são suficientemente atraentes, populares ou inteligentes. Quando mandamos a mensagem "Quero que você seja o melhor", nossos filhos podem ouvir a mensagem: "Você não é bom o bastante."

Que tipo de mãe você é?

Diana Baumrind, renomada psicóloga da Universidade da Califórnia, em Berkeley, definiu três principais estilos de mãe. Em que tipo você se encaixa?

- A **mãe permissiva** dá ao filho muita liberdade para regular suas próprias atividades. "Faz poucas exigências com relação a responsabilidades de casa e disciplina. Apresenta-se para o filho como uma fonte a que ele pode recorrer como e quando quiser, não como um ideal que ele deve imitar, nem como um agente ativo responsável por moldar ou alterar seu comportamento atual ou futuro. Ela permite que o filho controle tanto quanto possível suas próprias atividades, evita regulá-lo e não o estimula a seguir padrões definidos por outras pessoas." A mãe permissiva raramente recorre à punição.
- A **mãe autoritária** quer ter o controle. "Tenta moldar, controlar e avaliar o comportamento e as atitudes do filho de acordo com um padrão de conduta estabelecido, em geral um padrão absoluto. Valoriza a obediência como uma virtude e é favorável a medidas punitivas para reprimir a rebeldia. Acredita que deve manter o filho no seu devido lugar, restringir sua autonomia e lhe atribuir responsabilidades domésticas a fim de incutir o respeito pelo trabalho. Considera a preservação da ordem e da estrutura tradicional um fim altamente valorizado em si mesmo. Não incentiva a interação verbal por acreditar que o filho deve aceitar a opinião da mãe como a única correta."
- A **mãe que exerce sua autoridade de maneira equilibrada** tenta dirigir as atividades do filho, mas não em excesso. "Incentiva a interação verbal, partilha com o filho a lógica por trás de suas ordens e questiona suas objeções quando ele se recusa a se adaptar. Exerce firme controle sobre pontos de divergência, mas não impõe uma série de restrições ao filho. Faz valer sua perspectiva de adulta, porém reconhece os interesses individuais do filho. A mãe que exerce sua autoridade de maneira equilibrada confirma as qualidades do filho, mas também estabelece padrões para a conduta futura. Usa razão, poder e resistência para atingir seus objetivos e não baseia suas decisões no consenso do grupo ou nos desejos do filho."

Embora a maioria dos especialistas em desenvolvimento infantil concorde que o terceiro tipo de mãe é o melhor, mães perfeccionistas tendem a se enquadrar nas duas primeiras categorias, em virtude da tendência a guiar suas atitudes por pensamentos do tipo "ou tudo ou nada". Tendem a ser ou permissivas demais ou rígidas demais. Compreender que existem outras formas de agir e comparar formas de criação pode ser um modo útil de determinar se suas técnicas são plenamente válidas.

Pequenos e perfeitos

Perfeccionistas não são pessoas terríveis que querem criar filhos mimados. Muito pelo contrário: a vasta maioria consiste em pais e mães extremamente dedicados e cuidadosos, que querem apenas o melhor para os filhos. Infelizmente, essa é apenas uma parte do problema. Por querermos que nossos filhos sejam felizes e bem-sucedidos, tentamos transformá-los em pessoas perfeitas. Fazemos pressão para que se destaquem nos estudos e nos esportes, os matriculamos nos mais variados cursos e aulas, contratamos professores particulares ou os mandamos para escolas particulares cujas mensalidades são caríssimas. Não queremos estressá-los, mas queremos garantir o seu sucesso. Barbara vê esse tipo de comportamento o tempo inteiro na sua cidade:

Moramos em um bairro longe do centro da cidade onde existem todos esses pais perfecccionistas que forçam os filhos ao máximo. Pressionam as crianças e começam a se preocupar, ainda durante o ensino fundamental, se eles serão aceitos em uma universidade de ponta ou não. Angustiam-se por temerem que não sejam brilhantes. Meu filho de 13 anos e eu conversamos sobre isso – ele diz que seus amigos sentem-se realmente pressionados a ter sucesso em tudo o que fazem.

Alguns pais perfeccionistas criticam os filhos por tudo. Outros vão ao extremo oposto e elogiam tudo o que eles fazem.

No entanto, atitudes como essas podem ter o efeito oposto e contribuir para gerar crianças mimadas, egocêntricas e despreparadas para os inevitáveis fracassos, rejeições e adversidades da vida real, além de também levarem à depressão em uma fase posterior da vida.

Tenho a satisfação de lhes dizer que há mudanças que podem ser feitas de imediato na sua vida e que impedirão que seus filhos (e o mundo!) sintam os efeitos negativos de uma criação perfeccionista.

Uma expectativa de cada vez

Perfeccionismo não é um piano que cai do alto de um telhado e esmaga seus filhos. Lembra mais a tortura com água: dia após dia, ano após ano, a criação perfeccionista pinga sem parar, consumindo seus filhos. Um comentário aqui, uma opinião ali, uma expectativa frustrada acolá – tudo contribui. É traiçoeiro, mas também é reconhecível. Se você detectar qualquer um dos indícios a seguir na sua vida, é hora de diminuir a pressão e avaliar seu nível de perfeccionismo na criação dos filhos.

INDÍCIO NÚMERO 1: SUA AUTOESTIMA ESTÁ INTIMAMENTE LIGADA À DE SEU FILHO

Uma de nossas entrevistadas relatou que pouco tempo antes ajudara o filho, ainda na escola primária, a fazer um trabalho sobre os astecas. Depois que a professora avaliou o trabalho e o menino o levou de volta para casa, a primeira pergunta da mãe foi: "Que nota tiramos?" Quando você pensa nas conquistas de seu filho como suas conquistas e nos fracassos dele como seus fracassos, luzes de alerta deverão se acender no seu cérebro. São sinais claros de uma criação perfeccionista.

Muitas vezes queremos que nossos filhos sejam perfeitos porque sentimos que se fracassarem, fracassamos também. Se não tiverem um bom relacionamento com os colegas, se abandonarem o time de futebol e a outra equipe ganhar o campeonato, se trouxerem para casa um boletim escolar com notas baixas, se receberem o diagnóstico de incapacidade de aprendizado, se abusarem das drogas ou do álcool, se não forem aceitos pelas universidades mais prestigiadas do país, também ficamos arrasados.

Uma mãe perfeccionista pode forçar o filho a ter sucesso em uma área na qual ela falhou. O exemplo clássico é o da mãe insatisfeita com a aparência que pressiona a filha a participar de um concurso de beleza ou o do pai desajeitado que espera que o filho seja um atleta de alto desempenho. É preciso muito autocontrole para não projetar seu ego, suas carências e necessidades no filho.

INDÍCIO NÚMERO 2: VOCÊ CRITICA MUITO

Pais perfeccionistas são muito críticos de si mesmos e dos filhos e não conseguem tolerar erros de nenhum tipo, nem mesmo os genuinamente acidentais. Se seu filho derrama o leite e você o chama de desajeitado, o resultado pode ser um grande dano emocional.

INDÍCIO NÚMERO 3: VOCÊ NEGA APROVAÇÃO

Os pais deveriam amar seus filhos incondicionalmente: é muito prejudicial uma criança sentir que o amor dos pais está atrelado ao seu desempenho ou à sua aparência.

INDÍCIO NÚMERO 4: VOCÊ COLOCA SEU FILHO SEMPRE EM PRIMEIRO LUGAR

O mito da mãe perfeita é que as necessidades de seus filhos *sempre* vêm antes das suas. É óbvio que há ocasiões em que eles precisam de ajuda e você larga tudo o que está fazendo para socorrê-los, mas há momentos em que eles precisam esperar. Em nenhuma família as necessidades dos filhos deveriam vir antes das dos adultos.

Vejo isso acontecer com muitas pacientes perfeccionistas. Seus relacionamentos adultos estão sempre em segundo plano. No primeiro estão os filhos. As mulheres reprimem suas próprias necessidades, durante 18 anos ou mais, porque querem ser mães perfeitas. Na mente delas, a mãe perfeita sempre coloca os filhos em primeiro lugar. Não que você não deva ter três empregos para dar um teto aos filhos e botar comida na mesa – não é disso que estou falando. Refiro-me às mulheres que combinam jantar fora com amigos e no último minuto cancelam porque os filhos não querem que ela saia. Se a criança está com 39ºC de febre e precisa de seus cuidados, é compreensível que você cancele o compromisso. Mas se você acha que deve ceder a cada uma das exigências de seu filho para atender às expectativas do que se costuma chamar de mãe perfeita, é hora de reavaliar suas prioridades.

É muito importante cuidar de si mesma e deixar que seus filhos vejam que você merece se cuidar. Ouvi pais de crianças do jardim de infância dizerem que jamais deixam os filhos com babá. Que mensagem isso transmite para uma criança? Os filhos já não são egocêntricos o suficiente sem precisar que os pais os transformem no centro absoluto de seu mundo? Quando os bebês nascem, são um ego de fraldas – três quilos e meio de pura necessidade. É obrigação dos pais lhes ensinar que os sentimentos dos outros contam, não apenas os deles.

É ótimo fazer as vontades dos filhos, eu concordo. Adoro fazer o que minhas filhas querem, comprar coisas para elas e levá-las a lugares especiais. No entanto, equilibro isso com o que faço para mim mesma, para meu marido, para a família, os amigos e a comunidade. Nosso dever de mãe é criar os filhos para que sejam felizes, bem-sucedidos e membros produtivos da sociedade, não o centro do universo.

O melhor tipo de mãe é a que equilibra suas necessidades e as de sua família, que é capaz de estabelecer limites para os filhos, que é um modelo saudável capaz de receber tanto quanto de dar.

INDÍCIO NÚMERO 5: VOCÊ ESPERA PERFEIÇÃO DE SI MESMA

Se você tem expectativas próprias elevadas e fora da realidade e tenta nunca deixar que seus filhos percebam que cometeu um erro, está dizendo que perfeição é a única opção para você e para eles. Se cometer um erro, reconheça-o e, se a situação permitir, peça desculpas. Mas não o esconda dos filhos fazendo-os acreditar que você é perfeita.

INDÍCIO NÚMERO 6: VOCÊ ESPERA QUE A MATERNIDADE A DEIXE PERFEITAMENTE FELIZ

Criar um filho é uma tarefa árdua. É claro que ela pode ser prazerosa, mas pode também ser incrivelmente frustrante. Se você espera que seja uma experiência sempre agradável e compensadora – e se você se critica por não se sair suficientemente bem como mãe por causa da frustração e da impaciência que às vezes sente –, está vivendo em um mundo de fantasia. Isso é comum, sobretudo entre mulheres com dificuldade para engravidar.

No livro *Stumbling on Happiness*, o autor Daniel Gilbert explica que as pessoas acreditam em algumas coisas sobre felicidade que simplesmente não são verdadeiras. A satisfação proporcionada pelo dinheiro, por exemplo: pesquisas mostram que riqueza não necessariamente traz felicidade. A alegria de ter filhos é outra. "Todas as culturas dizem a seus membros que ter filhos trará felicidade", escreveu Gilbert. "Quando se pede às pessoas que identifiquem suas fontes de alegria, elas fazem o que faço: apontam para os filhos. No entanto, se medirmos a satisfação real das pessoas com filhos, veremos que a história é bem diferente." Um estudo pediu a mulheres que classificassem por ordem de importância as atividades diárias que as deixavam felizes. Tomar conta dos filhos veio depois de comer, fazer exercícios, fazer compras, cochilar e assistir a televisão. "De fato, cuidar dos filhos parece ser apenas um pouco mais agradável do que fazer o serviço doméstico", afirma Gilbert.

É claro que você ama seus filhos, mas não espere gostar deles o tempo inteiro. É normal haver dias em que você tem vontade de mandá-los para um colégio interno. Se você espera que ser mãe a deixará plenamente realizada, ou que sua incapacidade de aproveitar cada minuto da maternidade significa que você é uma péssima mãe, é provável que se decepcione, fique irritada e estressada. Tente se livrar desse mito.

INDÍCIO NÚMERO 7: VOCÊ ACHA QUE SE SEU FILHO ESTÁ INFELIZ, VOCÊ NÃO É UMA BOA MÃE

A criação perfeccionista pode deturpar seus conceitos sobre a definição de limites para as crianças. Alguns pais e mães perfeccionistas sentem que, se de algum modo precisam dizer não a um filho, é prova de que são maus pais. No esforço de se julgarem bons pais, permitem que os filhos dirijam a família e falham em não estabelecer limites. Isso causa confusão e irritabilidade nas crianças. Elas se desenvolvem bem quando há limites e os extremos são bem definidos.

Pais perfeccionistas muitas vezes acreditam que se um filho passar por uma emoção negativa – se chorar de raiva, se sentir medo ou tristeza, por exemplo – significa que não desempenharam bem seu papel. Isso simplesmente não é verdade. É bom para uma criança experimentar tristeza, ciúme, raiva e outros sentimentos desagradáveis para que possa aprender a lidar com eles. Se você, no seu zelo de mãe perfeccionista, tenta criar um filho que jamais conhece algo diferente da felicidade, o está preparando para uma vida adulta difícil. Isso causa muito mais dano do que bem. Ter liberdade ilimitada pode provocar imensa ansiedade nas crianças.

Dizer não de modo algum faz de você uma mãe ruim. Uma de minhas pacientes contou que na primeira vez em que seu filho ouviu um não foi quando estava no ensino médio e não conseguiu entrar para a equipe principal de futebol da escola. O rapaz teve um acesso de raiva que deixaria orgulhosa uma criança de 2 anos. Portanto, as crianças precisam aprender desde cedo que todo mundo está sujeito a fracassos. Basta contorná-los e seguir em frente.

Pedir que um filho faça coisas de que não gosta também não torna você uma mãe malvada. Torna-a uma mãe melhor e ajuda a criar um filho melhor. Estabeleça regras sensatas com base na idade dele e as respeite. Até uma criança de 2 anos consegue aprender a arrumar os brinquedos. Crianças podem arrumar seus quartos, esvaziar o lava-louça, organizar seus cadernos de escola, limpar o quintal. Isso as ensina a ter responsabilidade. No entanto, quando pedir a uma criança que faça alguma tarefa, lembre-se de controlar seu perfeccionismo ao inspecionar o trabalho. Não reclame se sua filha de 7 anos guardar os garfos na parte da gaveta reservada às colheres. Mostre a ela onde devem ficar os garfos e elogie seu esforço.

INDÍCIO NÚMERO 8: VOCÊ SE CULPA PELOS PROBLEMAS DE SEU FILHO

Ter um filho que demanda cuidados especiais – seja porque tem asma, distúrbios de aprendizagem ou se envolveu com drogas – pode causar um profundo sofrimento aos pais. Eles querem o filho ideal – inteligente, saudável, simpático, bem-comportado. Se você for um pai ou uma mãe perfeccionista, é provável que assuma pessoalmente as dificuldades, os fracassos e o mau comportamento do filho. É provável que se culpe por tudo o que der errado na vida dele.

Culpar a si mesma não resolve, portanto não desperdice sua energia agindo assim. Por melhor que seja um pai ou uma mãe, há muitas coisas fora de seu controle.

Uma de nossas entrevistadas acabara de descobrir que o filho tinha transtorno do déficit de atenção com hiperatividade (TDAH). Ficou arrasada e sentiu-se culpada. Mas a culpa não era dela. As coisas simplesmente acontecem, por melhores que sejam os pais. Seu desafio é ultrapassar a fase de culpar a si mesma e seguir em frente para ajudar o filho. O modo como lidará com o diagnóstico de TDAH influenciará a maneira como a criança lidará com a doença. Ela pode arrancar os cabelos ao saber do diagnóstico, ou pode agradecer por tê-lo recebido a tempo e ter a oportunidade de colocar o filho em um ambiente de aprendizado adequado a suas necessidades. Quanto mais capaz ela for de usar sua energia para ajudá-lo, em vez de se culpar por não ser uma mãe perfeita com um filho perfeito, maior será a probabilidade de ele ser bem-sucedido na escola, apesar de sua condição, e de seguir em frente e encontrar uma carreira que se adapte à sua personalidade e aos desafios que enfrenta.

Conflito de estilos de criação

Uma das maiores batalhas que a mãe perfeccionista enfrenta é discordar do marido sobre a melhor maneira de criar os filhos. Ela tem o seu jeito e acha que é o melhor. O marido tem o dele e também acha que é o melhor. Se ele não for perfeccionista, a mãe pode achar que ele tem padrões inaceitavelmente inferiores aos dela. Os dois se amam e amam os filhos, mas estão sempre em conflito quanto aos estilos de criação.

Muitas das mulheres perfeccionistas com quem converso esperam que seus maridos também sejam pais perfeccionistas. Quando eles não conseguem viver de acordo com as expectativas delas, elas os afastam. Os maridos ficam chateados e o relacionamento com as esposas e os filhos esfria. É uma situação em que não há vencedor e na qual todos sofrem.

A lição mais importante que se pode tirar é que quase sempre há mais de um modo correto de criar os filhos. Não imponha ao seu marido o seu estilo. Lembre-se de que as mães agem com os filhos de maneira diferente dos pais. Elas brincam com mais tranquilidade, em geral envolvendo-se em brincadeiras leves. Os homens, por outro lado, rolam pelo chão com os filhos e suas brincadeiras são mais brutas. Pesquisas mostram que faz bem às crianças experimentar os dois tipos de brincadeiras. Você não espera que seu marido banque a mãe das crianças – essa função é sua. Portanto, deixe que ele desempenhe o papel que cabe a ele. Você talvez *pense* que seus instintos são melhores que os dele, mas não *sabe* se são mesmo.

Fale com seu marido sobre seus estilos de criar os filhos. Unam seus esforços em áreas em que seus métodos sejam diferentes. Tente relaxar. Estabeleça algumas regras familiares e depois, a não ser que as crianças estejam em perigo, tente deixar seu marido fazer as coisas do jeito dele.

Mantenha em mente este conselho crucial: nunca discorde de seu marido sobre a criação dos filhos na frente deles. Tente nunca deixá-los ouvir você divergir ou contradizer as escolhas de seu marido, pois isso pode diminuir o respeito deles pelo pai (e talvez por você). Quando discordar de alguma coisa, converse com seu marido em particular. Isso ajuda a impedir que raiva, palavrões e desrespeito aumentem ainda mais a discordância.

Perguntamos às mulheres: como o perfeccionismo afeta sua habilidade como mãe?

> *Tenho muitas amigas que se exaltam com relação ao ingresso dos filhos em uma universidade. Estou tentando não agir assim, mas sei que também poderia me envolver demais, se não me controlasse. Meu filho está mais interessado em se sentir seguro, à vontade e em aproveitar a vida do que em ser o melhor. Ele simplesmente não quer se esforçar demais. Isso me chateia, pois eu gostaria que ele tivesse aspirações mais elevadas. Mas não falo nada para preservar nosso relacionamento.*
>
> *Susan*

> *No ensino fundamental não aprendi bem os conceitos básicos de matemática e isso me deixou para trás. Meus filhos não*

têm um bom desempenho em matemática e estou tentando mostrar que isso faz diferença. Contratei um professor particular, mas eles ficaram chateados. Não exijo que tirem sempre notas altas, mas não posso aceitar notas 6 ou 7, que considero notas baixas.

Amy

Sou muito enérgica com meus filhos – principalmente com minha filha de 5 anos – no que se refere à conduta em público. Tenho um medo constante de que façam alguma coisa errada que não esteja de acordo com o nível de etiqueta que considero apropriado. Estou sempre atenta ao comportamento deles e faço de tudo para que não saiam da linha – o que, devo admitir, eles fazem às vezes, mas acho realmente que exagero um pouco. Se conseguisse relaxar e deixá-los ser crianças, acho que seríamos todos mais felizes.

Nicole

As notas de meu filho não são fantásticas e estou tentando incutir nele melhores hábitos de estudo, forçando-o a ser o melhor que puder. Mas também tento deixar claro que não espero que ele seja o melhor o tempo todo e que só receba nota máxima em todas as provas. Não gosto quando vejo que ele não se empenha ao máximo, que faz a lição às pressas ou que comete erros bobos. Mas também não quero que sinta que só espero perfeição. É difícil saber o limite que separa uma coisa da outra.

Betty

Técnicas que você pode usar

Não se preocupe: só porque você é perfeccionista não quer dizer que seus filhos estão destinados a seguir seu modelo de perfeição. As técnicas descritas nas próximas páginas servirão para ajudá-la a aliviar o fardo que o perfeccionismo coloca em suas costas e nas de seus filhos.

Distorções cognitivas confundem o modo como os pais perfeccionistas enxergam a si mesmos e aos filhos. Quais pensamentos automáticos vêm à sua mente quando você está lidando com seus filhos? Que tipos de pensamento distorcido interferem no modo como você toma decisões e faz escolhas sobre a criação deles?

A distorção cognitiva mais comum entre pais perfeccionistas é o pensamento do tipo "ou tudo ou nada". Se alguma vez já pensou "É do meu jeito ou caia fora", você sabe do que estou falando. Esse tipo de pensamento leva você a pensar que, a não ser que uma tarefa seja cumprida de acordo com seus padrões elevados, ela é feita inadequadamente. O pensamento do tipo "ou tudo ou nada" lhe diz que a festa de aniversário de sua filha precisa ser perfeita, com uma decoração inédita, comida e bebida deliciosas, todos os amiguinhos da escola acompanhados dos pais, atrações divertidas, animadores incríveis e brindes caros. Se não for assim, a festa será um fracasso. Com esse tipo de pensamento, há apenas dois modos de fazer as coisas: do seu modo ou do modo errado.

A personalização é outra distorção cognitiva que atormenta pais perfeccionistas. Você assume a responsabilidade por coisas das quais não tem culpa ou que estão fora do seu controle. Um exemplo clássico é o da mãe que se culpa pelo comportamento negativo da filha. "Se eu tivesse sido uma mãe melhor, minha filha não teria fracassado na faculdade." A personalização é tão destrutiva porque, como pais, queremos fazer tudo certo por nossos filhos e é muito fácil nos culparmos quando alguma coisa dá errado.

A seguir, apresento outras distorções cognitivas comuns que se manifestam entre pais perfeccionistas:

- **Distorção:** Generalização exagerada

  Exemplo: Seu filho comete dois erros em um recital de piano. Você então conclui que ele não tem talento musical e que está jogando dinheiro fora com as aulas de piano.

Diga a si mesma: "Que coragem a dele querer se apresentar! Estou orgulhosa de meu filho por tentar e por passar tanto tempo ensaiando e tendo aulas. Ele cometeu dois erros, mas é provável que os outros garotos também tenham cometido e nem cheguei a perceber."

- **Distorção:** Filtro mental
  Exemplo: A reação da clássica mãe perfeccionista a um boletim escolar só com notas entre 10 e 8: "Por que um 8?"
  Diga a si mesma: "Se eu criticar as notas 8, minha filha pode achar que meu amor por ela está relacionado às suas notas. Eu devia comemorar suas notas altas e não reclamar quando ela tira 8. Além do mais, essa ainda é uma boa nota."

- **Distorção:** Aumentar a dimensão real das coisas
  Exemplo: Sua filha adolescente vai mal nas aulas de ciências. Você então diz a si mesma que por causa disso acabaram as chances de ela um dia se tornar médica.
  Diga a si mesma: "Fracassar em uma matéria não representa o fim de uma carreira. E pode ser que ela não queira ser médica – talvez eu a esteja forçando a seguir um caminho que não é o certo para ela."

- **Distorção:** Cobranças excessivas
  Exemplo: Você tem uma filha de 6 anos e em certa ocasião nota que um de seus coleguinhas de colégio consegue ler melhor que ela. Você decide que sua filha "deveria" ser capaz de ler igualmente bem e que deve haver algo errado com ela por não conseguir.
  Diga a si mesma: "Um dia todas as crianças da sala aprenderão a ler. O ritmo de aprendizado não determina o grau de capacidade de leitura de uma criança. No fim do primeiro ano, é provável que minha filha esteja lendo tão bem quanto seus colegas."

- **Distorção:** Atribuir apelidos e rótulos depreciativos
  Exemplo: Chamar o filho de relaxado ou preguiçoso quando a lição de casa não está caprichada.
  Diga a si mesma: "Nunca é bom me referir a ele desse jeito. Devo pedir desculpas e ajudá-lo a tornar sua lição de casa mais caprichada."

- **Distorção:** Busca de aprovação
  Exemplo: Você não tolera que seus filhos desaprovem suas decisões, por isso permite que eles comandem o espetáculo. Você quer ser amiga íntima deles e não uma mãe rabugenta. Quer que eles gostem de você.
  Diga a si mesma: "Preciso tomar as decisões que forem as melhores para meus filhos, gostem eles ou não. As crianças mais saudáveis são as que têm pais que definem limites com muita clareza."

- **Distorção:** Sentimento de superioridade moral
  Exemplo: Quando sua filha está dedicada a um projeto escolar, você lhe dá alguns conselhos, mas fica chateada se ela não os segue.
  Diga a si mesma: "É ótimo que ela tenha suas próprias ideias e que esteja querendo assumir riscos e fazer as coisas de modo não convencional."

- **Distorção:** Falácia da imparcialidade
  Exemplo: Sua filha apresenta um déficit de aprendizagem e você toma isso como uma enorme injustiça pessoal.
  Diga a si mesma: "É normal que eu me sinta desapontada e triste com os desafios que minha filha enfrentará no futuro. Mas isso não me diz respeito. Preciso usar minha energia imaginando como ajudá-la a ser bem-sucedida e não ruminando sobre a injustiça de ela ser do jeito que é. Muitas crianças têm problemas mais sérios que o de minha filha."

A reestruturação cognitiva também funciona com crianças. Se seu filho expressar um pensamento automático perfeccionista, ajude-o a reestruturá-lo de modo a ser menos prejudicial para ele. Por exemplo, suponhamos que seu filho diga que está chateado porque errou um lance livre na partida de basquete no colégio e, consequentemente, sua equipe perdeu o jogo. "Eu deveria ter feito aquela cesta!" Ajude-o a identificar o pensamento por trás dessa afirmação – ele acha que "deveria" acertar todos os arremessos ou acha que "deveria" ser bom em todos os esportes e jamais cometer erros. Peça a ele que analise por que pensa assim e de onde vem essa ideia. Talvez ele ache que você e seu marido o pressionam demais, ou talvez o treinador da equipe tenha perdido a calma e feito críticas duras ao seu desempenho. Fale com ele sobre a diferença entre *querer* e *esperar* alcançar o sucesso. Ajude-o a reestruturar o pensamento: em vez de dizer "eu deveria acertar todos os arremessos", ele poderia pensar: "eu deveria fazer o possível para acertar todos os arremessos, mas até o melhor jogador erra às vezes. Não há problema em eu errar um lance, contanto que dê o máximo de mim".

EMPATIA PRÁTICA

Uma mãe empática pode dar ao filho uma confortável sensação de segurança. Empatia é a capacidade de ver algo da perspectiva de outra pessoa, ainda que não se concorde com esse ponto de vista. Quando você demonstra empatia, valida os sentimentos de seus filhos. Você diz a eles que não há por que ter vergonha de ter esses sentimentos, porque eles são legítimos.

MOSTRE A SEUS FILHOS QUE NÃO HÁ PROBLEMA EM COMETER ERROS

Você talvez imagine que permitir que seus filhos a vejam falhar os magoe, mas na realidade o que acontece é o contrário. Fornecer um comportamento de autoaceitação ensina seus filhos a se aceitarem. Aponte os erros que você comete e explique a eles como lidar com cada um. Se você se dispuser a consertar com calma a situação, ensinará a seu filho uma lição muito mais útil do que se a ignorasse, a escondesse, fugisse dela, se irritasse com ela ou se criticasse demais por causa dela. Se seus filhos nunca virem você falhar, julgarão que também jamais devem falhar.

RECONHEÇA OS PONTOS FORTES DE SEUS FILHOS E ACEITE OS FRACOS

É tentador pressionar os filhos a fazer o que os pais gostam e não o que eles mesmos gostam. Você conhece o tipo – o pai amante de música que pressiona o filho a tocar violino ainda que o garoto prefira participar da equipe de futsal; a mãe que adora escrever insiste que a filha participe do jornal da escola ainda que a garota prefira fazer parte da equipe de matemática. Você precisa reconhecer que seus filhos têm forças e fraquezas. Deixe que eles se desenvolvam do seu próprio jeito, guiados por suas necessidades, seus interesses e suas forças.

AJUDE SEUS FILHOS A ACEITAR SUAS FRAQUEZAS

Muitas vezes digo às minhas filhas que não é possível ser boa em tudo – algumas coisas virão com facilidade, outras serão difíceis de obter. É assim mesmo. Todas as crianças têm pontos fracos. Ajude-as a aceitar as próprias fraquezas como uma parte natural da vida, não como um fracasso constrangedor. Ajude-as a compreender a diferença entre metas e expectativas – ter a perfeição como meta é muito mais construtivo do que tê-la como expectativa. Mostre a área que você não domina.

Sou péssima em geografia e faço questão que minhas filhas saibam disso. Se eu esconder meus pontos fracos, elas poderão pensar que não tenho nenhum e que também não podem ter. Quero que as meninas vejam que não sei tudo e que não consigo fazer tudo, para que, ao perceberem suas próprias fraquezas, compreendam que é normal tê-las.

AJUDE SEUS FILHOS A ESTABELECER EXPECTATIVAS REALISTAS

À semelhança de adultos perfeccionistas, crianças com essa característica se chateiam quando não têm um desempenho à altura de suas expectativas. Você pode cooperar com seus filhos, ajudando-os a estabelecer metas realistas e atingíveis.

Quando seus filhos começarem uma tarefa, ajude-os a estabelecer expectativas realistas. Se sua filha estiver para entrar na faculdade, faça com ela uma análise realista das universidades para as quais provavelmente conseguiria ser aprovada. Se ela mantém uma média 6 constante, é quase certo que não entrará nas principais universidades federais. Isso não quer dizer que ela não deva sonhar alto – mas não deveria esperar ser aprovada e se condenar quando não for.

CONCENTRE-SE NAS COISAS POSITIVAS

É da natureza humana dar mais atenção às coisas negativas, mas isso pode realmente acabar com a autoestima de seu filho. Nem sempre é fácil se concentrar no positivo. Tenho observado amigos e parentes examinarem pela primeira vez o boletim escolar de um filho e concentrar a atenção na nota mais baixa, não na mais alta.

Quando Sarah começou a trazer para casa testes corrigidos e relatórios da escola, percebi como era fácil fazer isso. A gente tem vontade de dizer: "Como você conseguiu escrever errado essa palavra? Quando estávamos estudando para a prova, você a repetiu tantas e tantas vezes que achei que você não tivesse mais dúvida!" Essa, no entanto, é exatamente a mensagem errada a dar a um filho. Se ele tira 7,5 em uma prova para a qual estudou muito, significa que sabia 75% da matéria. Concentre-se nisso, não nos 25% que ele não sabia.

MOSTRE QUE O COMPORTAMENTO "BASTANTE BOM" É ACEITÁVEL

Crianças imitam adultos. Se você fizer tudo com perfeição, é natural que seus filhos também procurem ser perfeitos em tudo. Ajude-os a aprender que às vezes bom é suficiente. Permita que, de vez em quando, eles vejam você guardar os lençóis sem dobrá-los com perfeição. Continue a usar uma caneca mesmo depois de lascada. Se você cometer um erro na lista do supermercado, deixe que a vejam rabiscá-la, em vez de escrever tudo de novo. E deixe que façam coisas apenas "bem" uma vez ou outra.

Não se importe com a bagunça que seus filhos fazem na cozinha enquanto preparam panquecas com o pai. Não se preocupe quando eles mesmos embrulharem um presente de aniversário para outra criança e o papel ficar amassado. Mostre a eles que nem tudo precisa ser perfeito.

PRATIQUE A "INTERRUPÇÃO DO PENSAMENTO" COM SEUS FILHOS

Como mencionei no Capítulo 3, a interrupção do pensamento é uma excelente técnica que permite a você descartar os pensamentos automáticos negativos que passam por sua mente. Para os pais, é um modo fantástico de evitar que seus pensamentos críticos se transformem em comentários ácidos que podem magoar os filhos. Quando tiver um pensamento automático negativo sobre o desempenho ou o comportamento de um filho, visualize uma enorme placa vermelha de "pare". Imediatamente faça uma pausa mental. Respire fundo. Pergunte-se sobre o pensamento: de onde ele veio? Por que o teve? Como ele magoaria seu filho se você o expressasse? Em seguida faça uma escolha deliberada e cuidadosa para reformular o pensamento e, se necessário, ajustar seu comportamento. Lembre-se destes quatro passos: parar, respirar, refletir e escolher.

FAÇA "UM MINIRRELAXAMENTO"

Um minirrelaxamento é um modo perfeito de fazer uma pausa rápida e restauradora em uma situação estressante. Você pode recorrer a essa técnica a qualquer instante – quando estiver repreendendo seu filho por causa da lição de casa, quando sua filha adolescente implorar para voltar tarde de uma festa, quando você e seu marido estiverem discutindo se devem ou não punir os filhos pela bagunça que fizeram na sala. Há várias maneiras de fazer um minirrelaxamento – veja detalhes na página 67. Um dos modos mais rápidos é respirar fundo. Enquanto inspira, conte bem devagar de 1 a 4 e, enquanto expira, conte bem devagar de 4 a 1. Repita várias vezes.

CUIDE-SE BEM

Tomar conta de si mesma é essencial – e é algo que pais perfeccionistas muitas vezes deixam de fazer. Como você consegue arrumar tempo para se cuidar quando está tão ocupada sendo uma mãe perfeita? Dar carinho e atenção a si mesma não é egoísmo. Além de auxiliar a reduzir seus níveis de estresse, vai ajudá-la a ser uma mãe melhor. Tenha como objetivo 30 minutos diários para cuidar de si mesma. Veja a seguir alguns excelentes exemplos de como proceder:

- Assista a um filme.
- Tome café com uma amiga.
- Dê uma longa caminhada com sua irmã.
- Leia um bom livro tomando uma xícara de chocolate quente.
- Jante fora com amigos.
- Faça um longo passeio de bicicleta.
- Jogue tênis.
- Exercite-se durante uma hora.
- Faça aulas de ioga.
- Coma um pedaço de chocolate delicioso.
- Peça que seu marido verifique a lição de casa das crianças.
- Encomende uma pizza em vez de cozinhar.
- Saia para correr.
- Aninhe-se no sofá e ouça música.
- Deite-se em uma rede e escute um audiolivro.

- Desenhe, pinte, rabisque (não precisa ser nada perfeito).
- Toque piano.
- Peça que seu marido lhe faça uma massagem.
- Sirva-se uma taça de vinho ou prepare um chá.

LEMBRE-SE DE COMO SEUS PAIS A CRIARAM

Seus pais eram perfeccionistas? O perfeccionismo fazia parte da cultura de sua família, estava intimamente ligado às suas tradições religiosas, sociais ou étnicas? Se for esse o caso, como você se sentia tentando sempre viver de acordo com os padrões deles, sendo criticada por qualquer errinho e elogiada apenas quando fazia tudo certo? Lembre-se de como eram essas sensações e se pergunte se é isso que quer que seu filho sinta.

Tente praticar o que chamo de "criação cuidadosa". Muita gente faz escolhas apressadas quanto à criação dos filhos. Com frequência essas escolhas são boas, mas se você for perfeccionista, seu primeiro instinto pode ser duro demais. Tenha cautela ao interagir com eles. Cuidado com o que lhes disser, com a expectativa que tem deles. Pense em reações futuras – por exemplo, no dia da entrega do boletim escolar, imagine possíveis reações de seus filhos antes que eles voltem da escola. Use a reestruturação cognitiva e se prepare para apoiá-los, mas com firmeza, sem criticar nem magoar.

Uma criação cuidadosa pode ajudá-la a se afastar de padrões prejudiciais que você aprendeu com seus próprios pais quando ainda era criança. Isso permite que você examine o modo como cria seus filhos e escolha técnicas baseadas no pensamento consciente, não na reação intuitiva. Você não precisa criar seus filhos do jeito que foi criada.

REGISTRE SUAS HABILIDADES DE CRIAÇÃO NO DIÁRIO

Use seu diário como uma ferramenta para examinar e aprimorar as interações com seus filhos. No lado esquerdo da página, descreva um acontecimento ocorrido entre você e seu filho, incluindo sua reação e quaisquer comentários que tenha feito. Depois, no lado direito da página, anote como gostaria de ter reagido. Pergunte a si mesma: "Eu poderia ter lidado melhor com a situação? O que disse a meu filho que me trouxe arrependimento? Como lidar com situações similares no futuro?"

Você pode usar o diário para explorar seus sentimentos com relação aos filhos. Anote suas preocupações, seus temores, expectativas e decepções – passar os sentimentos para o papel ajuda a entendê-los melhor. Quando você se compreende e entende também suas motivações, pode passar a ter uma conscientização maior, o que sempre leva a uma criação mais aprimorada dos filhos.

PROCURE AJUDA SE SEU FILHO PRECISAR

Em raras ocasiões, crianças com expectativas e comportamentos perfeccionistas precisam de ajuda profissional. Se for esse o caso de seu filho, pense em marcar uma consulta com um psicólogo especializado em atender crianças ou outro especialista. Seu pediatra ou a orientadora da escola deve ter condições de indicar um profissional qualificado.

Se seu filho for perfeccionista, tente observar sinais de depressão, ansiedade, pânico, distúrbio alimentar, obsessão com a aparência e abuso de substâncias químicas. Converse com seu médico se seu filho se comportar de modo obsessivo, compulsivo e ritualista.

Como perfeccionista você pode ficar preocupada só de *pensar* em levar seu filho ao psiquiatra. Reestruture o pensamento e descarte-o imediatamente. Se seu filho precisa de ajuda profissional, não deixe que sua relutância em parecer imperfeita, ou seu temor de ser julgada uma mãe relapsa, a impeça de conseguir a ajuda de que ele precisa. Não se trata de você, mas de seu filho.

CAPÍTULO 10

Pare de se atormentar por causa de decisões

Algum tempo atrás decidi largar um emprego como gerente de recursos humanos em uma grande companhia aérea. Eu simplesmente não queria continuar lidando com viagens, demissões e negativismo, então decidi sair e virar corretora de imóveis.

Ainda me questiono se foi uma decisão correta. Eu me cobro muito e me pressiono para fazer tudo certo e ser bem-sucedida, mas até agora não tenho me saído bem. Fui admitida em uma empresa do ramo imobiliário e acreditei que teria sucesso desde o início, mas não é o que está acontecendo. Outras pessoas que trabalham na mesma companhia vendem duas ou três propriedades por mês, mas eu não consigo vender nenhuma. É um negócio que pode ser lucrativo, mas ainda não deslanchei.

Estou preocupada que talvez tenha feito essa mudança num momento inapropriado. Eu acabara de ter meu segundo filho e estávamos construindo uma casa nova. Mas sempre haveria alguma razão para não ter trocado de emprego. Nunca é o momento realmente certo para uma mudança de carreira.

Não me sai da cabeça o pensamento de que a decisão que eu tomei arruinou o futuro da minha família. Fico remoendo essa ideia o tempo todo. Fui ao médico na semana passada e minha pressão arterial estava alta. Se o meu desempenho no novo emprego não melhorar nos próximos dois ou três meses, terei de desistir do ramo imobiliário e voltar para a área de recursos humanos. Tenho medo de que isso me exija muitas viagens. Esse setor é muito negativo, porque você lida com pessoas que estão contrariadas com a administração ou com gerentes que querem mandar alguém embora, ou você mesma precisa fazer demissões. Talvez, no entanto, eu não tenha escolha. Preciso voltar a ganhar dinheiro.

Fico angustiada com as decisões que tomei e tenho a tendência a repensá-las. Analiso todas as possibilidades de várias maneiras diferentes. Não tenho problema em tomar decisões menores, porém são as grandes, as que podem mudar uma vida, que são as mais difíceis.

Jennifer

Tomamos centenas de decisões todos os dias. Algumas são menos importantes, como o que preparar para o jantar, qual roupa usar, assistir à televisão ou ler o jornal. Outras são fundamentais, como ter filhos ou não, trocar de emprego, casar, se divorciar. Em certa medida, todas as pessoas lutam com a tomada de decisões, porém as perfeccionistas podem achar isso particularmente difícil porque querem encontrar soluções perfeitas. Muitas vezes, tomar uma decisão significa mergulhar no desconhecido ou fazer uma escolha entre várias opções não muito boas. No entanto, perfeccionistas não gostam de fazer nenhuma das duas coisas.

Sempre que existe uma escolha, existe a possibilidade de fracasso. Perfeccionistas querem fazer tudo sempre certo. Por causa de pensamentos do tipo "ou tudo ou nada", pode ser apavorante ter de escolher entre duas opções de igual valor, porque uma realmente não é melhor que a outra. Você quer escolher a melhor, mas quando fica evidente que não há uma melhor, se vê em um impasse e tenta, com muita ansiedade, tomar uma decisão da qual não se arrependa.

A necessidade de escolher pode causar uma tremenda ansiedade. Por serem muitas, as pequenas decisões às vezes podem causar mais ansiedade do que as grandes. Perfeccionistas tendem a pensar que há um modo correto ou um modo melhor de executar algo e sentem uma pressão enorme para que façam a escolha certa ou a melhor entre as muitas possibilidades existentes. A insegurança natural dos perfeccionistas piora as coisas, gerando dúvidas e incertezas a respeito de si mesmos, que tornam a tomada de decisão ainda mais difícil.

Ainda que você tenha crescido em uma família em que os pais tomavam todas as decisões e depois tenha se casado com um homem centralizador, não é tarde demais. Há inúmeras mulheres que, mesmo aos 40, 50 ou 60 anos, perceberam que conseguem tomar suas próprias decisões. Você precisa *querer* aprimorar sua tomada de decisão, como fez Patricia:

> *Há alguns anos, decidi aprimorar minhas decisões e me preocupar menos com elas. Percebi que estava me aborrecendo com escolhas sem importância e me dei conta de que eram uma tremenda bobagem. Estou perdendo oportunidades porque fico me atormentando sobre uma decisão. Chegar a essa conclusão foi fundamental. Após perceber o problema que isso me causava, estabeleci uma meta para minha tomada de decisões: simplesmente comecei a tomar uma de cada vez. Se você sempre fizer isso com as decisões simples, as mais difíceis de serem tomadas se tornam mais fáceis.*

Por mais estranho que pareça, algumas perfeccionistas na verdade acham fácil tomar decisões, porque têm um jeito muito rígido de ver as coisas e todas as suas decisões são tomadas de modo a confirmar sua maneira inflexível de se relacionar com o mundo. Tomam decisões sem refletir muito porque esse é o seu jeito. Não precisam decidir onde comprar roupas porque sempre vão a uma loja de departamentos. Não é preciso decidir o que fazer para o jantar porque sempre servem espaguete com almôndegas às quintas-feiras. O avô e o pai estudaram em uma universidade tradicional, então o filho deve estudar na mesma. Não há dúvida a esse respeito.

Tomar decisões é mais fácil para essas pessoas, mas isso não significa que elas sejam mais felizes. Quando perfeccionistas inflexíveis começam a considerar outras opções, no início pode ser muito difícil decidir o que fazer. No entanto, depois que aprendem, tendem a se sentir muito melhor porque escapam das regras rígidas que se haviam imposto.

Um paradoxo da tomada de decisões

Barry Schwarz, professor de teoria e ação social no Swarthmore College, escreveu um livro fascinante sobre tomada de decisões chamado *The Paradox of Choice: Why More is Less.* Nele, o autor defende a ideia de que dispor de escolhas em excesso pode contribuir para uma tomada de decisão imperfeita, ansiedade, estresse, insatisfação e até depressão. Ter algumas opções é bom, observa Schwarz, mas isso não significa necessariamente que mais é melhor. Ele acredita que, à medida que a liberdade de escolha aumenta, as pessoas se sentem cada vez menos satisfeitas.

Schwarz relata uma ida ao supermercado de seu bairro. O estabelecimento, que não é particularmente grande, oferecia 285 tipos de biscoito doce, 85 sabores e marcas de suco, 175 molhos para salada e 275 variedades de cereais. "Se você fosse um comprador realmente cuidadoso, poderia gastar a maior parte de um dia apenas para escolher um pacote de biscoitos, já que se preocuparia com preço, sabor, data de validade, teores de gordura, sódio e calorias. Mas quem tem tempo para isso?"

Hoje em dia, temos mais escolhas que nunca em todas as áreas de nossa vida, não só como consumidores, mas também em relação ao trabalho, à vida amorosa e à religião.

Maximizadores e satisficientes

Tomar tantas decisões é duro para qualquer um, porém é ainda mais penoso para os perfeccionistas. Schwarz chama as pessoas com essa característica de maximizadores porque buscam e aceitam apenas o melhor. Maximizadores "gastam grande parte de seu tempo e esforço procurando, lendo rótulos, verificando revistas de consumidores e testando novos produtos. E o pior:

após fazerem uma seleção, são atormentados pelas opções que não tiveram tempo de investigar. No fim, tendem a ter menos satisfação com as escolhas que fazem. Quando a realidade exige que os maximizadores se decidam – que acabem de pesquisar e optem por alguma coisa –, eles se sentem apreensivos sobre o que poderiam ter feito".

O oposto dos maximizadores são os satisficientes – uma mistura de satisfatório com suficiente –, declara Schwarz, usando um termo criado pelo psicólogo americano Herbert Simon na década de 1950. Satisficientes são as pessoas dispostas a "aceitar algo que é suficientemente bom e a não se preocupar com a possibilidade de haver algo melhor. Os satisficientes têm critérios e padrões. Procuram até encontrar algo que corresponda a eles e, a partir daí, param de procurar".

Os maximizadores parecem sentir-se mais insatisfeitos com a vida, infelizes, pessimistas, deprimidos e ansiosos do que os satisficientes. Tendem a se arrepender após tomarem uma decisão, mas também podem se arrepender antes de tomá-la. "O maximizador imagina como se sentirá se descobrir que havia uma opção melhor disponível. E essa ideia basta para que ele mergulhe em um poço de incerteza – até mesmo de tormento – com relação a cada decisão que precise tomar", conclui Schwarz.

A boa notícia: maximizadores podem aprender a se parecer mais com os satisficientes. Falarei mais sobre o assunto no decorrer do capítulo.

Anatomia de uma decisão

Aconselho muitas mulheres com problemas para engravidar. Quando uma mulher infértil consegue conceber, fica exultante. Significa que suas preces foram ouvidas e ela terá um bebê. Infelizmente, se essas mulheres tiverem ultrapassado os 35 anos – como é o caso da maioria –, logo enfrentarão uma das decisões mais difíceis de suas vidas: se submeter ou não a uma amniocentese.

Esse é um exame extremamente confiável que pode detectar a síndrome de Down e outras anormalidades cromossômicas no feto. Durante o exame, um médico introduz uma agulha oca no útero da mulher, através do abdome, e retira uma pequena amostra do líquido amniótico que envolve o bebê. As células no líquido são analisadas e submetidas a vários testes para identificar uma série de anormalidades.

Nenhuma anomalia é detectada em mais de 95% das mulheres submetidas à amniocentese. No entanto, às vezes o exame descobre que o feto apresenta determinado problema e os pais precisam decidir se interrompem a gravidez ou dão continuidade a ela e geram uma criança com algum tipo de anormalidade cromossômica.

Infelizmente, a amniocentese não está isenta de risco. O exame provoca aborto em aproximadamente 1 a cada 200 mulheres. É um risco pequeno, porém real.

No entanto, há também um risco pequeno, mas real, de nascer uma criança com defeito congênito. O risco sobe à medida que a idade da mãe aumenta. Por exemplo, os índices de síndrome de Down são de 1 em 1.250 para mulheres com 25 anos, 1 em 1.000 para as de 30 anos, de 1 em 400 na idade de 35 anos e de 1 em 100 para aquelas na faixa etária dos 40 anos.

Recentemente, uma de minhas pacientes, Jean, chorou em meu consultório, na dúvida se submetia-se ou não a uma amniocentese. Jean e o marido passaram seis anos e gastaram dezenas de milhares de dólares tentando que ela engravidasse. Por um lado, se Jean decidisse se submeter a uma amniocentese e sofresse um aborto, perderia o bebê e talvez sua única chance de ter um filho biológico. Por outro lado, se não fizesse a amniocentese, poderia dar à luz uma criança com uma incapacidade muito grave. Jean tem 42 anos. Mulheres dessa idade têm mais de 1% de probabilidade de gerar um bebê com síndrome de Down.

Jean e o marido avaliaram a decisão considerando todas as hipóteses. Estavam desesperados por ter um bebê, mas não se sentiam em condições de criar uma criança com uma incapacidade grave. Por mais que voltassem ao assunto, não conseguiam decidir o que fazer.

Dei várias sugestões ao casal. Sugeri que refletissem sobre o que mais lamentariam: ter um aborto ou uma criança especial. Pedi que visualizassem o que aconteceria com suas vidas se um dos dois fatos ocorresse e que pensassem sobre qual seria pior para eles. Por fim, sugeri que ouvissem o que sua voz interior lhes dizia – em outras palavras, que prestassem atenção ao seu coração.

Jean e o marido optaram por fazer uma amniocentese e se basearam nos números para chegar à decisão: o risco de Jean gerar um bebê portador de síndrome de Down era estatisticamente maior do que sua chance de ter um aborto, por isso optaram pela amniocentese. Por sorte, o exame não prejudicou o feto e os resultados foram normais.

A dor do arrependimento

O arrependimento por decisões passadas pode perseguir qualquer um. Melinda, uma paciente com câncer de ovário, sentiu um enorme arrependimento por ter feito um aborto enquanto ainda cursava a faculdade. Ela foi criada em uma família muito religiosa e achou que o câncer fosse uma punição por ter abortado. Expliquei que aquilo nada tinha a ver com a doença, mas isso não fez diferença – ela não conseguia parar de sentir arrependimento.

Melinda me contou que procuraria uma freira que oferecia aconselhamento pastoral. Não achei que era uma boa ideia, porque imaginei que a freira reforçaria o sentimento de culpa e arrependimento de minha paciente. No entanto, Melinda insistiu e marcou um horário para conversar com a freira.

Na consulta seguinte, Melinda relatou como tinha sido a conversa. Ela contou à freira sobre o aborto e a religiosa lhe deu muito apoio. Disse à minha paciente algo que nunca mais esqueci: quando optou por fazer o aborto, Melinda tomou a melhor decisão para ela *naquele momento*.

Pode haver decisões que você tenha tomado no passado e que agora lamenta, mas em quase todas as circunstâncias foram as melhores que poderia ter tomado com base em seu conhecimento, maturidade, recursos, apoio e outros fatores em jogo naquela ocasião. O problema é que, quando nos arrependemos de algo, rememoramos antigas decisões e as vemos com olhos novos. Melinda, por exemplo, olhou para o aborto que fez aos 19 anos e o viu sob o prisma de uma mulher perfeccionista de 38 anos. Mas quando optou por fazer o aborto, não tinha toda a experiência de vida que acumulou ao longo de seus 38 anos. Naquela época, ela era uma adolescente assustada que fez o que julgou ser o melhor.

Julgar o passado não serve para nada. O arrependimento não leva a lugar nenhum. Ao contrário, é melhor se lembrar de decisões passadas com empatia e compaixão.

Perguntamos às mulheres: como o pensamento perfeccionista afeta sua capacidade de tomar uma decisão?

> *Sou uma mulher de ação. Não quebro a cabeça com nenhuma decisão, seja ela grande ou pequena.*
>
> *Ruth*

> *Sofro por nunca saber se as decisões que tomei foram as certas. Hoje, por exemplo, minha filha está doente. Eu deveria tê-la levado para a creche ou teria sido melhor ficar em casa com ela? Também fico em dúvida sobre decisões importantes, como: Eu deveria ter sido advogada ou professora? Deveria trabalhar fora ou ficar em casa? Morar em uma casa grande ou em uma pequena? Admiro as pessoas que conseguem seguir em frente e aceitar as decisões tomadas no passado.*
>
> *Kimberly*

Eu diria que quase toda grande decisão em minha vida me causou um estresse exagerado. Não confio em mim mesma, embora a esta altura eu devesse ter aprendido que, em geral, quando tomo uma decisão, ela costuma ser muito boa.

Angela

Técnicas que você pode usar

Se você tem uma dificuldade muito grande para tomar decisões, há técnicas úteis para ajudar você a superar esse impasse. Veja a seguir algumas estratégias cognitivas que facilitarão seus processos de tomada de decisão.

REEXERCITE O CÉREBRO

Distorções cognitivas podem atrapalhar a tomada de decisões consciente. Por serem ilógicas, alteram sua capacidade de examinar com clareza uma série de opções e escolher a melhor. A reestruturação cognitiva pode ser muito útil porque permite que você considere suas opções com olhos mais atentos.

À medida que você trabalha com a sua capacidade de tomar decisões, lembre-se de identificar o pensamento, desafiá-lo e, por fim, reestruturá-lo.

Uma das distorções mais comuns que atrapalham a tomada de decisões é o pensamento do tipo "ou tudo ou nada". Esse tipo de pensamento informa que uma opção está certa e as outras estão completamente erradas. Às vezes é esse o caso, porém com mais frequência precisamos escolher uma entre várias opções igualmente válidas – por isso é tão difícil tomar uma decisão.

A seguir, algumas das outras distorções cognitivas que interferem na tomada de decisão:

- **Distorção:** Supergeneralização
  Exemplo: Você reclama que "nunca" toma boas decisões e que "sempre" se arrepende de suas escolhas.

Diga a si mesma: "Duvido que todas as decisões que tomo sejam ruins. Se fosse verdade, eu estaria atrás das grades. Todos nós tomamos decisões das quais nos arrependemos e fazemos escolhas ruins uma vez ou outra, mas a maioria de minhas decisões é boa."

- **Distorção:** Filtro mental
  Exemplo: Enquanto decide se aceita uma oferta de emprego, você pensa apenas nos aspectos negativos de seu trabalho atual e nos positivos da nova oportunidade. O filtro mental impede que você veja que os dois empregos têm vantagens e desvantagens.
  Diga a si mesma: "É muito pouco provável que o novo emprego seja perfeito. E quando penso nele, percebo que há coisas boas no meu emprego atual. Tomarei minha decisão depois de pensar com calma e atenção e de fazer uma lista dos pontos positivos e dos negativos."

- **Distorção:** Subestimar a própria opinião
  Exemplo: Ao tomar uma decisão, você confia cegamente na opinião dos outros e ignora ou não leva muito em conta os próprios sentimentos.
  Diga a si mesma: "Ninguém consegue cuidar melhor de meus interesses do que eu. Outras pessoas podem não compreender perfeitamente a escolha que preciso fazer. Ou seus conselhos poderão ser influenciados por sentimentos de competição, ciúme ou outras razões pessoais. Preciso seguir meu instinto e tomar a decisão que for melhor para mim."

- **Distorção:** Busca de aprovação
  Exemplo: Quando vai a um restaurante com uma amiga adepta da alimentação saudável, você pede uma salada, embora esteja louca por um filé.
  Diga a si mesma: "Isso é tolice. Devo comer o que quero. No almoço só comi um iogurte desnatado e estou morrendo de fome. Pode ser também que ela opte por comida saudável só quando está comigo. Talvez se eu pedir um filé ela ficará aliviada e pedirá um também."

- **Distorção:** Reducionismo
  Exemplo: Chove todos os dias durante suas férias e você se culpa por ter escolhido um mês chuvoso, ainda que não tivesse condições de saber que faria mau tempo.

Diga a si mesma: "Sim, é uma chatice quando chove nas férias. Mas acontece. Em vez de me culpar, gastarei minha energia tentando encontrar alguma boa atividade para dias chuvosos. Posso até descobrir um museu fascinante ou uma adorável galeria de arte que eu teria perdido se passasse a semana inteira na praia."

APRENDA COM OS SATISFICIENTES

Meu problema é que tenho tantas ideias que fica difícil escolher. Como minhas decisões precisam ser perfeitas, é muito duro saber qual caminho tomar.

Melissa

Maximizadores buscam a perfeição. Eles podem aprender muito com os satisficientes, que tendem a se contentar com o "bom". Satisficientes entendem a diferença entre uma boa decisão e uma decisão perfeita. Não se importam de correr riscos e cometer erros. Além disso, não se deixam consumir por arrependimentos se uma decisão acabar sendo malsucedida. "O truque está em aprender a *aceitar* o que é suficientemente bom e a cultivar essa ideia em cada vez mais aspectos da vida", declara Barry Schwarz. Transformar-se em um satisficiente cônscio e intencional reduz a importância da comparação com o que outras pessoas fazem e diminui a probabilidade de arrependimento. No mundo complexo e saturado de escolhas em que vivemos, esse tipo de atitude torna a paz de espírito possível.

RELAXE

As perfeccionistas podem passar meia hora para decidir qual jeans usar. Você se envolve em um ciclo de indecisão e ansiedade. Quanto mais ansiosa ficar, mais difícil será tomar uma decisão – e quanto mais tempo você levar para se decidir, mais ansiosa ficará.

Quando está ansiosa, você não pensa com clareza porque a ansiedade a faz entrar no modo "luta ou fuga". Seu corpo inteiro reage a uma ameaça percebida preparando-a para lutar ou fugir. O problema é que ele se prepara para lutar quando o que você de fato precisa é apenas decidir que sapatos comprar, como cortar o cabelo, com quem se casar ou qual emprego aceitar. Para tomar uma boa decisão, é realmente útil estar em um lugar tranquilo.

Quando uma decisão lhe causar ansiedade, faça alguns dos exercícios de relaxamento descritos no Capítulo 4. Quando você se acalma e recupera o controle, consegue pensar com mais clareza. O relaxamento pode interromper o grande fluxo de hipóteses que invadem sua mente e permitir que você tenha a paz de que precisa para tomar uma decisão sensata. Com frequência, algumas de minhas pacientes contam que deparam com a solução para um problema durante um exercício de relaxamento.

COMECE COM PEQUENOS PASSOS

Quando precisar tomar decisões, comece com as pequenas. Ao sentir-se confortável, passe para as maiores. Uma de minhas pacientes seguiu essa estratégia. Ela foi criada em uma casa extremamente bem estruturada e com pais inflexíveis. Ainda muito jovem, se casou com um homem mais velho que tomava todas as decisões do casal. Eles comiam fora com frequência, então insisti para que ela começasse logo a tomar decisões ela mesma, impondo-se e expressando sua opinião sobre aonde iriam. Ela levou três semanas para ter coragem de dizer ao marido certa noite que queria ir a um restaurante francês, não a um italiano, e ele concordou sem reclamar. Foi interessante observá-la ao longo dos anos seguintes, enquanto passava de pequenos passos a decisões muito maiores. Com o tempo, ela se tornou parceira do marido também na tomada de decisões.

VISUALIZE-SE VIVENDO COM SUA DECISÃO

Em geral pensamos na visualização como um bom modo de relaxar, o que de fato é. Mas também é uma excelente técnica para a tomada de decisões, porque permite que você "veja" as consequências das escolhas que faz. Após usar uma das técnicas de relaxamento para acalmar a mente apresentadas no Capítulo 4, visualize como seria cada uma das opções. Visualize-se vivendo com sua decisão – reserve algum tempo para de fato vê-la, senti--la e ouvi-la.

A visualização ajudou minha paciente Jean a decidir se faria ou não uma amniocentese. Ela passou algum tempo tranquila e relaxada, visualizando-se como mãe de uma criança com síndrome de Down. Em seguida, visualizou-se tendo um aborto e não sendo capaz de conceber de novo. As duas cenas a perturbaram, mas ao visualizá-las com seriedade e atenção, teve mais condições de fazer a sua escolha.

EXPERIMENTE

Essa estratégia funciona bem com Katie, minha filha de 6 anos. Ela adora colecionar bichinhos de pelúcia. Pouco tempo atrás, depois de Katie enfrentar bravamente um exame de sangue no consultório do pediatra, falei que daria a ela um novo bichinho. Na loja de brinquedos ela ficou em dúvida entre dois. Fez uni duni te (uma excelente técnica para ajudar crianças a tomar decisões), mas quando percebeu com qual bichinho ficaria, sua expressão revelou sua insatisfação. Aquele não era o que ela queria, mas ela não tinha se dado conta disso até realmente pensar em tê-lo.

Se não conseguir se decidir entre A e B, tente visualizar-se escolhendo a opção A. Veja o que sente. Ouça o que seu coração diz. Se a sensação for boa, é provável que a decisão esteja correta. Se não for, sua resposta talvez deva ser a opção B. Se nenhuma das duas provocar uma sensação boa, qual parece provocar a sensação pior? De qual você se arrependeria mais?

Você também pode tentar imaginar que não existe a opção A. Qual seria a sensação de ter apenas a B? Se perder uma das opções e ficar satisfeita com a que sobrou, então essa é a que você queria. Essa é uma técnica que recomendo a mulheres que estão enfrentando uma decisão médica, como a escolha entre mastectomia e lumpectomia como tratamento para câncer de mama. Peço que imaginem o médico dizendo que não podem de modo algum fazer uma lumpectomia e vejam como se sentem: aliviadas? Angustiadas? Essas sensações podem ajudá-las a tomar suas decisões.

DEFINA TODAS AS OPÇÕES

Se nem a decisão A nem a decisão B parecem corretas, talvez haja opções que você não considerou. Faça um exercício de relaxamento para acalmar a mente, depois pense se não deixou de reparar nas decisões C e D.

RECORRA ÀS HIPÓTESES PARA COMPREENDER O QUE TEME

Isso ajuda a enfrentar, de uma vez por todas, temores que podem estar escondidos atrás dos obstáculos que dificultam suas tomadas de decisão. Uma paciente minha usou essa estratégia para decidir se procurava um novo emprego. Ao analisar todas as hipóteses, ela rastreou cada um de seus pensamentos até chegar ao que de fato temia: se largasse o emprego, perderia a segurança e acabaria na rua. Sem perceber, estava comparando "conseguir um novo emprego" com a possibilidade de ficar desamparada e ir viver na rua. Quando revelou esse temor, conseguiu enfrentá-lo, entender como ele era irracional e fazer a reestruturação cognitiva necessária para colocá-lo em perspectiva.

REGISTRE POR ESCRITO

Sou grande defensora do uso do diário para a tomada de decisões. Fazer anotações ajuda a fazer escolhas. Aqui vão algumas estratégias para o uso do diário que vale a pena testar:

- Use-o para deixar claros seus objetivos. O que você quer? O que lhe parece mais importante?
- Defina o problema com clareza escrevendo sobre ele.
- Escreva uma lista de prós e contras, levando em consideração os de curto prazo assim como os de longo prazo.
- Descreva a decisão e o que sente com relação a ela. Às vezes o simples ato de registrá-la por escrito faz com que a resposta surja à sua frente.
- Depois de visualizar a tomada de decisão, escreva sobre ela como se já tivesse feito sua escolha e veja como se sente. Se estiver pensando em terminar um relacionamento, por exemplo, visualize-se solteira e descreva a sensação. Escreva sobre as coisas boas que sua decisão trará e também sobre as más. Fazer anotações no diário pode ajudá-la a "experimentar" suas várias opções de modo seguro e realista.
- Use o diário para avaliar decisões recentes que você tenha tomado. O que você fez certo? O que fez errado? Se revelar suas forças e fraquezas para a tomada de decisões, você terá melhores condições de usar essas forças em seu proveito e evitar as fraquezas.
- Escreva sobre as informações que você coletou enquanto refletia sobre sua decisão, incluindo dados desagradáveis e a opinião de outras pessoas.
- Escreva por que essa decisão é tão difícil para você. Alguém que você ama irá desaprová-la? É difícil porque a escolha é entre o que você deseja e o que outra pessoa quer? Se for esse o caso, você está prestando a si mesma um desserviço dando tanto crédito à opinião de outra pessoa?

A vantagem do diário é que é possível retornar a ele. Se no futuro você se surpreender lamentando uma decisão, pode voltar e ver, de maneira bem clara, o processo de pensamento que usou para tomar determinada decisão. Revisar o que escreveu pode ajudá-la a reforçar a ideia de ter tomado a decisão que era certa para você na época. Ou, se perceber que tomou a decisão errada, examinar seu raciocínio pode ajudá-la a aprender como fazer escolhas melhores no futuro.

DIVIDA GRANDES DECISÕES EM DECISÕES MENORES

Gigi, uma de nossas entrevistadas, é advogada, mas não está segura de ter escolhido a carreira certa. Acha que preferiria ser professora de música, mas fazer uma mudança tão significativa assim parecia impossível para ela. A ideia de largar o emprego e voltar para a escola a assustava.

Seria bom Gigi dividir uma decisão tão importante em várias menores. Largar a carreira de advogada para se tornar professora é uma mudança de vida importantíssima, mas fazer um curso noturno na área de educação é uma decisão menor. Almoçar com uma conhecida que dá aulas e conversar com ela sobre a profissão é uma decisão menos importante. Visitar uma escola de música e se informar sobre seu funcionamento é uma decisão menos importante ainda. Dividir uma escolha crucial em um grupo de escolhas menores e possíveis de serem tomadas facilita a decisão.

BUSQUE AJUDA PARA LIDAR COM A ANSIEDADE

Às vezes, a tomada de decisões pode causar tanta ansiedade que literalmente imobiliza a pessoa. Se é isso que acontece com você – se a ansiedade está interferindo na sua capacidade de aproveitar a vida e executar as atividades diárias –, é provável que se beneficie de uma ajuda profissional. Ansiedade é uma reação normal ao estresse, mas quando é excessiva pode ser prejudicial.

Distúrbios de ansiedade podem ser tratados com sucesso com terapia e/ou medicamentos. Para mais informações, acesse o site da Sociedade Brasileira de Psicologia (www.sbponline.com.br).

ESCUTE SUA ALMA

Por fim, preste atenção à sua alma quando tomar decisões. Acredito nisso mesmo sendo uma cientista que confia em dados precisos. Às vezes, mesmo após examinar todos os dados disponíveis, você continua sem saber o que fazer.

Quando isso acontecer, tente acalmar sua mente. Beba uma taça de vinho. Tome uma ducha quente. Tente se desligar de todas as distrações exteriores para que possa ouvir o que sua voz interior lhe diz. Você em geral sabe o que fazer mesmo quando pensa que não sabe.

> *Às vezes fico estressada só por precisar escolher o que comer em um restaurante. Nessas horas, rio de mim mesma. No entanto, hoje estou muito melhor do que antes. Aos 20 e poucos anos, eu entrava em pânico na hora de escolher a roupa que usaria, porque tudo precisava ser perfeito. Nos últimos tempos tenho conseguido fazer minhas escolhas sem problema. Pequenas decisões, grandes decisões, o que for. Tenho administrado minha vida e tomado todas as decisões importantes sozinha.*
>
> *Carolyn*

Aprenda a dizer não

Perfeccionistas têm muita dificuldade em dizer "não". Pessoas com essa característica gostam de agradar os outros, de cuidar das pessoas. Querem que gostem delas, que as aprovem e que sejam consideradas boas pessoas. Como não gostam de decepcionar os outros, dizer "não" parece egoísmo. Mas não é. É uma atitude de ter cuidado e atenção consigo mesma, como Melissa sabe muito bem: "Estava havendo uma assembleia na escola de meu filho e, no último minuto, o professor de música não pôde comparecer para ficar responsável pelo som. Eles me chamaram e pediram que eu me encarregasse dessa parte, apresentasse as pessoas e cantasse com as crianças. Eu devia ter dito não. Precisava colocar CDs em um equipamento com o qual nunca trabalhara antes. Estava ficando realmente ansiosa com a obrigação de não errar as músicas, além de cantar e apresentar as pessoas. Depois, ninguém agradeceu, não disseram nada. Meu Deus, para que tudo aquilo? Fiz o possível para agradar a todos e ninguém reparou. Eu devia ter dito não."

A verdade é que temos o direito de dizer não. Não temos a obrigação de dar proteção ao mundo 24 horas por dia.

Se uma vizinha lhe pedir para tomar conta de seus gatos durante três semanas, você pode dizer não de quatro maneiras:

1. Simplesmente diga não, o que é de fato duro de fazer.
2. Diga não e explique por que está se recusando. Por exemplo: diga que você não pode tomar conta dos gatos porque é alérgica.
3. Diga não com um "que tal...?". Não, você não pode tomar conta dos gatos, mas que tal dar a ela o telefone de outra vizinha que adora gatos e que provavelmente gostaria de lhe fazer esse favor?
4. Diga que ligará mais tarde. "Estou bem ocupada agora, posso retornar a ligação?" Isso lhe garante tempo para tomar a decisão correta e, se a resposta for "não", pensar em como dizer isso a ela.

CONCLUSÃO

Sempre em frente

Quando eu estava no ensino médio, minha irmã e eu decidimos fazer uma festa de réveillon. Preparamos um fondue e todos se divertiram tanto que demos outra festa no ano seguinte e também no outro. Tornou-se uma tradição que mantive por muitos anos, primeiro com minha irmã e, mais tarde, depois que me casei, com meu marido, Dave. Convidávamos amigos novos e antigos. Ao longo dos anos, a lista de convidados ficou cada vez mais extensa, porque nunca nos sentíamos bem se deixávamos de chamar alguém, ainda que a única vez em que víssemos essa pessoa fosse na festa de ano-novo. Há cerca de 10 anos o grupo ficou grande demais para um fondue, por isso passamos a preparar sanduíches e sobremesa e pedimos que cada convidado levasse um prato com seus salgadinhos favoritos.

Minha mãe morreu no fim de setembro de 2004. Com a aproximação do fim do ano, percebi que não teria condições de planejar uma festa para muita gente, pois ainda estava envolvida demais com meu luto. Então meu marido e eu decidimos não fazer a festa anual de réveillon.

Alguns de nossos amigos não conseguiam acreditar que estávamos quebrando a tradição. Outros argumentavam que tinham passado praticamente todos os réveillons de sua vida adulta em nossas festas. Desapontados com nossa decisão, precisavam procurar outras maneiras de festejar a chegada do ano-novo.

Quando as festas de fim de ano estavam realmente próximas, sentimentos de perfeccionismo e culpa me fizeram repensar a questão. Fiz o que era certo, pondo fim a uma tradição que eu mesma havia criado? Eu deveria ter me forçado a organizar a festa para satisfazer meus convidados? Estava decepcionando os amigos por não fazer o que esperavam de mim? Não tinha certeza.

Na véspera do ano-novo, Dave e eu passamos uma noite tranquila na casa de um amigo, assistindo pela televisão às comemorações em Nova York e curtindo nossas filhas. Imaginei que pudesse me sentir triste e sozinha sem 85 pessoas para brindar e abraçar à meia-noite, mas não. Na verdade, me senti incrivelmente aliviada.

Desistir da festa foi a melhor decisão que eu poderia ter tomado – foi um ato de cuidado e proteção comigo mesma. Eu não percebia o tamanho do fardo que era organizar uma festa tão grande durante o período mais agitado do ano. Agora rio quando penso no assunto: se minha mãe não tivesse morrido, eu não teria pensado em desistir da festa. Era uma expectativa automática e irrefletida de comemoração. Eu precisava realizar a festa porque fazia isso todos os anos. Não era uma opção, era um hábito.

Aprendi uma coisa naquele réveillon. Não há problema em romper uma tradição que não tenha mais sentido. Você não precisa esperar por uma grande tragédia ou um fato da vida para dar permissão a si mesma. Não há nada de errado em colocar suas necessidades em primeiro lugar às vezes, ainda que isso decepcione muita gente. Com o tempo, as pessoas acabam superando. Mudança de hábitos, de tradições e rotinas não é sinal de fraqueza ou de imperfeição. É um modo de ser feliz sem ser perfeito.

Promova mudanças

Quando você é conhecida como alguém que dá 110% de seu esforço para tudo, o mundo espera muito de você – uma casa impecável, uma disposição insuperável para fazer horas extras no trabalho, um sim automático quando familiares e vizinhos pedem sua ajuda. Abandonar hábitos perfeccionistas pode ser difícil para as pessoas ao seu redor, mas não permita que isso a impeça de mudar sua vida para melhor.

Enquanto lia os conselhos apresentados neste livro, você pode ter imaginado que sua família não saberá como lidar com a situação se você começar a abandonar suas tendências perfeccionistas. O que farão quando você servir comida comprada pronta em vez de pratos saudáveis que você mesma preparou? Como reagirão ao vê-la deixar louça suja na pia antes de dormir?

É normal ter muito medo da reação das pessoas ao seu redor quando você começa a mudar seus hábitos e comportamentos. No entanto, minha experiência em ajudar mulheres a se tornar física e psicologicamente mais saudáveis mostra que, na maioria dos casos, quando uma mulher começa a mudar para melhor, sua família não fica desapontada – na verdade, fica aliviada. Não sei dizer quantas mulheres têm me contado que seus maridos

Maridos resistentes

Alguns maridos não gostam quando suas esposas perfeccionistas começam a mudar seu jeito de agir. Se o seu não souber o que fazer quando você implementar algumas das soluções deste livro, talvez seja por sentir-se confuso e por não saber que você tomou essa decisão. Conversar talvez ajude. Se não der certo e ele continuar ressentido por você mudar seus hábitos perfeccionistas, talvez vocês precisem da orientação de um terapeuta de casais. Todo relacionamento funciona como uma gangorra. Se você fizer uma mudança muito rápida, pode arruinar toda a relação, mas o aconselhamento pode ajudar a devolver o equilíbrio ao relacionamento.

Algumas mulheres acham que seus maridos não conseguem aceitá-las quando diminuem o ritmo perfeccionista. Já tratei de pacientes que abandonaram seus maridos porque não suportavam mais tentar atingir seus ideais rigidamente perfeccionistas. Em quase todos os casos, as mulheres ficaram mais felizes depois que se separaram do que antes. É melhor ser solteiro e feliz do que ser casado e tentar viver de acordo com expectativas patológicas nem um pouco saudáveis.

ficavam emocionados ao ver como estavam menos tensas e mais cordiais com elas mesmas. Seus maridos ficam aliviados ao vê-las menos preocupadas com a arrumação da despensa ou com a cor da caneta que deve ser usada para escrever cartões de Natal. Até os filhos reagem de maneira positiva. As pessoas que gostam de você não se preocupam se sua mesa está empoeirada ou se a roupa recém-lavada está um pouco amassada. No entanto, perceberão que você está sorrindo mais.

Facilite as coisas para sua família contando o que está acontecendo. Explique que você fará algumas mudanças para melhorar a qualidade de sua vida. Descreva as mudanças e partilhe as razões por trás delas. Isso é especialmente importante se estiver pedindo que assumam mais responsabilidades. Se incluí-los nesse processo de transformação, é provável que demonstrem a paciência e a cooperação de que você precisa para ter êxito.

Sem pressa

Quando as pessoas resolvem mudar um hábito negativo, é comum decidirem fazer uma enorme mudança de uma só vez: os sedentários decidem começar a se exercitar 90 minutos por dia. Os obesos resolvem perder 50 quilos. Os perfeccionistas são ainda mais propensos a isso por causa de sua tendência a ceder ao pensamento do tipo "ou tudo ou nada". Tente resistir à tentação de fazer mudanças demais de uma só vez. Vá com calma à medida que se esforçar para se afastar do perfeccionismo. Dê pequenos passos, em especial em situações que afetem outras pessoas. Faça uma pequena mudança de cada vez. Assim, você tornará a transição mais fácil para você, sua família e seus amigos e a probabilidade de êxito será maior: pesquisas mostram que mudanças pequenas e graduais tendem a ter muito mais sucesso que as grandes e impetuosas.

Comece com algo fácil. Volte ao teste no início deste livro e refresque sua memória sobre qual área em sua vida é *menos* afetada prejudicialmente pelo perfeccionismo. Comece pelas questões em que você é menos perfeccionista, porque ao lidar com esses pontos você terá condições de ter o sucesso que irá gerar confiança para lidar com outras questões. Depois de algum tempo, estará preparada para os desafios mais difíceis de sua vida.

Se, num primeiro momento, não der certo, não desista. Se tentar mudar um aspecto de sua vida e fracassar desastrosamente, passe para outro.

Você talvez precise pensar sobre tudo isso durante algum tempo antes de passar para um estilo de vida não tão perfeito. Pesquisadores que estudam o processo de mudança descobriram que alcançar algum nível de "prontidão" para a mudança, que se consegue depois de pensar e planejar com cuidado, impulsiona o sucesso. Não há problema em refletir sobre tudo isso durante algum tempo. Você foi perfeccionista durante a vida inteira, portanto algumas semanas ou meses extras não farão muita diferença.

A alegria do não

Quando começar a se despreocupar com suas expectativas perfeccionistas, você se surpreenderá dizendo não com mais frequência. Pode ser uma atitude incômoda para você e para as pessoas às quais se recusa a fazer alguma coisa. Comece aos poucos e perceba que a vida segue seu curso e o mundo continua o mesmo. Então passe a dizer não para tudo aquilo com que não concordar e logo a recusa será algo natural para você.

Quando sentir que está fazendo progresso, comece a incentivar os perfeccionistas ao seu redor a dar pequenos passos, também. Você não pode forçar outras pessoas a mudar seu comportamento perfeccionista, mas pode servir de modelo. Se estiver se sentindo uma pessoa mais relaxada, menos estressada e mais feliz, se estiver rindo mais, reclamando menos e sentindo mais satisfação com a vida, outros não deixarão de perceber.

Se empacar em alguns velhos hábitos perfeccionistas, pergunte-se qual a importância deles para você. Fazemos muitas coisas por hábito ou simplesmente porque nossas mães faziam o mesmo. Mas, como aconteceu com minha festa de réveillon, muito raramente nos perguntamos se de fato precisamos fazer algo de certo modo "perfeito". Assim como ocorreu comigo, você pode achar que deixar de se preocupar com um hábito perfeccionista fará com que se sinta livre e despreocupada.

Esteja preparada para uma transição difícil quando começar a se livrar de seu perfeccionismo. À medida que se esforçar para se tornar menos perfeccionista, cometerá alguns erros e eles trarão à tona a perfeccionista que existe em você! Seja paciente consigo mesma e saiba que escorregadelas fazem parte do processo natural de mudança. Mesmo que seja difícil, continue tentando e não desista.

Lembre-se: a prática leva à perfeição.

CONHEÇA OUTROS TÍTULOS DA EDITORA SEXTANTE

A DITADURA DA BELEZA
Augusto Cury

Augusto Cury retrata nessa obra o cotidiano de mulheres que sofrem caladas as consequências de uma cruel realidade do mundo moderno: a ditadura da beleza. Influenciadas pela mídia e preocupadas em corresponder aos inatingíveis padrões de beleza que são apresentados, milhares de mulheres mutilam sua autoestima – e, muitas vezes, seus corpos – em busca da aceitação social.

Ao tratar de um tema tão atual, esse livro faz com que o leitor se identifique imediatamente com os personagens e sua luta por uma vida mais plena, sem se envergonhar de sua aparência e sem se comparar a ninguém. Cury nos leva a compreender que devemos amar nossa própria história, pois cada ser humano é único no palco da existência.

Os segredos das mulheres inteligentes
Steven Carter e Julia Sokol

Se você é como a maioria das mulheres, deve viver criticando seu corpo, seu cabelo, sua pele, sua família, sua conta bancária, seu emprego... e não entende por que seus relacionamentos sempre dão errado. A explicação está justamente nesse comportamento. Criticar-se por detalhes sem importância causa um enorme dano à sua autoestima. E, num círculo vicioso, quanto mais baixa está sua autoestima, mais você se deprecia.

Para ajudá-la a acabar de vez com esse problema e fazê-la ter consciência de seu valor, a famosa dupla de experts em comportamento feminino Steven Carter e Julia Sokol escreveu esse verdadeiro manual de sobrevivência. Aqui você vai aprender os segredos fundamentais das mulheres inteligentes e descobrir como romper com padrões de comportamento que a colocam para baixo. Dessa forma, será capaz de adotar atitudes positivas que vão dar uma guinada em sua vida.

Por que os homens amam as mulheres poderosas?
Sherry Argov

Você cancela todos os seus planos esperando um possível telefonema de um homem que acabou de conhecer? Tem a sensação de que, por mais que tente agradar seu parceiro, ele sempre parece distante ou desinteressado? Então está na hora de mudar de postura, pois não há nada mais enfadonho para um homem do que uma mulher que passa o tempo todo se esforçando para agradá-lo. Se você se enquadra nesse padrão, não se desespere. Esse livro pode ajudá-la a dar uma guinada em sua vida amorosa e transformá-la em uma mulher poderosa.

Com um texto envolvente, Sherry Argov criou um verdadeiro manual que vai fazê-la entender por que os homens amam as mulheres poderosas. A partir de centenas de entrevistas, a autora descobriu as principais atitudes que diferenciam as mulheres boazinhas das poderosas e as reuniu neste livro bem-humorado e transformador. Com histórias engraçadas e exemplos práticos, ela ensina tudo o que você precisa saber para deixar qualquer homem aos seus pés.

CONHEÇA OUTROS TÍTULOS DA EDITORA SEXTANTE

1.000 lugares para conhecer antes de morrer, de Patricia Schultz

A História – A Bíblia contada como uma só história do começo ao fim, de The Zondervan Corporation

A última grande lição, de Mitch Albom

Conversando com os espíritos e *Espíritos entre nós*, de James Van Praagh

Desvendando os segredos da linguagem corporal e *Por que os homens fazem sexo e as mulheres fazem amor?*, de Allan e Barbara Pease

Enquanto o amor não vem, de Iyanla Vanzant

Faça o que tem de ser feito, de Bob Nelson

Fora de série – Outliers, de Malcolm Gladwell

Jesus, o maior psicólogo que já existiu, de Mark W. Baker

Mantenha o seu cérebro vivo, de Laurence Katz e Manning Rubin

Mil dias em Veneza, de Marlena de Blasi

Muitas vidas, muitos mestres, de Brian Weiss

Não tenha medo de ser chefe, de Bruce Tulgan

Nunca desista de seus sonhos e *Pais brilhantes, professores fascinantes*, de Augusto Cury

O monge e o executivo, de James C. Hunter

O Poder do Agora, de Eckhart Tolle

O que toda mulher inteligente deve saber, de Steven Carter e Julia Sokol

Os segredos da mente milionária, de T. Harv Ecker

Por que os homens amam as mulheres poderosas?, de Sherry Argov

Salomão, o homem mais rico que já existiu, de Steven K. Scott

Transformando suor em ouro, de Bernardinho

Informações sobre os próximos lançamentos

Para saber mais sobre os títulos e autores
da EDITORA SEXTANTE,
visite o site www.sextante.com.br
ou siga @sextante no Twitter.
Além de informações sobre os próximos lançamentos,
você terá acesso a conteúdos exclusivos e poderá participar
de promoções e sorteios.

Se quiser receber informações por e-mail,
basta cadastrar-se diretamente no nosso site.

Para enviar seus comentários sobre este livro,
escreva para atendimento@esextante.com.br
ou mande uma mensagem para @sextante no Twitter.

Editora Sextante
Rua Voluntários da Pátria, 45 / 1.404 – Botafogo
Rio de Janeiro – RJ – 22270-000 – Brasil
Telefone: (21) 2538-4100 – Fax: (21) 2286-9244
E-mail: atendimento@esextante.com.br